AN ENCYCLOPEDIA OF STRESS MANAGEMENT

Hotta Syûgo
堀田秀吾

圖解
壓力紓解
大全

消除焦慮與煩躁的 100 個科學方法

図解ストレス解消大全 科学的に不安・イライラを消すテクニック 100 個集めました

100 Scientifically-Grounded Methods to Reduce Anxiety/Irritation

前言

消除焦慮與煩躁的
100 種科學方法

　　本書會透過具體的「行動」方法，教各位如何消除焦慮、煩躁等壓力，擁抱充滿活力的健康生活。

　　不僅如此，內容中介紹的這 100 種方法，都是從全世界的科學研究中篩選出來，經證實確實有效的方法。

　　說到「活力」，各位想到的也許是身體健康，但是這本書裡所謂的「活力」，指的是「心理層面的活力」。

　　現代人的普遍現象就是身體無痛無病，可是卻總是一副無精打采、沒有活力的樣子。現在的生活雖然會不斷面臨到各種前所未有的威脅，總有擔不完的心，可是至少在心理方面，還是應該要保持活力才行。

　　只不過，就算告訴自己要打起精神，這也不是光靠用想的就能辦到的事情。所以，具體的行動就變得非常重要。

　　本書在接下來的內容中也會一再強調，人的大腦會根據身體的情況和行動來判斷自己的狀態。

　　也就是說，大腦如果接收到身體傳送的「開心」訊號，就會認定「我現在很開心，而且充滿活力」。

　　所以，如果身體採取的是健康、有活力的行動，心理也會跟著變得健康有活力。從某種意義上來說，就是欺騙大腦的意思。

行動通常會先於思考。這也是心理學和腦科學上已經證實的定理。

壓力分為自覺壓力和不自覺壓力兩種，因此很多人會在不知不覺中累積過多的壓力。

根據日本厚生勞動省 2020 年公布的「勞動安全衛生調查」結果，覺得自己「對目前的工作和生活感到壓力沉重」的人，比例高達 58%。

這個數字還只是針對「感到壓力沉重」的人，如果再加上有輕度壓力的人，真正毫無壓力的人恐怕是少之又少。

本書的目的是提供具體的知識和方法，讓大家在這個充滿壓力的現代社會中，能夠保持健康、活力的心理。不過，書中介紹的這些方法，並不是非得全部做到才能看見效果。

大家可以挑選自己感興趣、喜歡的方法來嘗試，一個一個慢慢試，覺得適合自己的，就持之以恆地做下去，把它變成生活習慣的一部分。

另外，書中介紹的這些行動雖然都經過科學證實，可是就跟所有的醫療行為和藥物、科學現象一樣，說到底這些都只是一種「大部分的情況」，並不是百分之百每個人都會得到一樣的效果。

一定會有適合跟不適合的問題，所以請大家一定要多方嘗試，從中挑選最適合自己、效果最好的方法去落實。

期盼每個人都能夠健康、充滿活力地擁有幸福的生活。

堀田秀吾

緩解壓力的方法就是
人類知識活動的結晶
「如何利用科學欺騙大腦」

人類的大腦大致分成三層結構。

首先，在大腦最深處的是「腦幹」，這個部位是最原始的大腦構造，又被稱為「爬蟲類腦」（reptilian brain），**跟身體本能有密切的關係**，包括睡眠和覺醒、心臟、呼吸、自律神經、食慾和性慾等。

包覆在腦幹外圍、比較新的大腦構造，稱為「邊緣系統」，這個部位**跟喜怒哀樂等情緒和安全需求有關**。

接著在最外層、最新的大腦構造，是被稱為「大腦新皮質」的部分，這是靈長類等高智商的動物才有的大腦，**跟理性和知性等「思考」有關**。

由此可見，大腦反映了人類從原始動物演化成高智商動物的整個過程，而「思考能力」，就是人類演化的證明。

運用新的大腦來控制古老的腦所發生的憤怒等情緒，就是所謂的「理性」。如果因為意外事故或是生病，導致新的大腦功能無法正常發揮，人就會變得無法控制情緒，行動之前也沒辦法顧慮到對方的心情。

　　壓力基本上是古老大腦的作用所引發的產物，因此，必須想辦法透過新的大腦的作用來控制它。

　　當新的大腦在運作時，例如計算、客觀思考、專心在別的事情上等，這時候會佔用掉古老大腦的能量，相對的古老大腦的活動就會減弱，壓力和情緒便能獲得控制。

　　換言之，緩解壓力的方法，可以說就是人類知識活動的結晶。

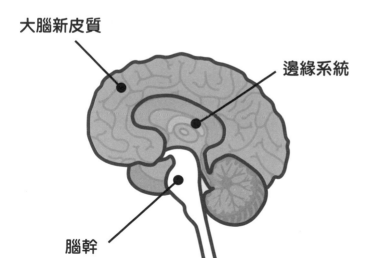

圖解壓力紓解大全　　contents

CHAPTER 1　　【早晨】
消除一整天的焦慮和擔心的科學方法　　13

CHAPTER **2** 【工作中・AM】
讓一天的工作能有好的開始的科學方法　**43**

CHAPTER 3 　【午休時間】
提升動力和幹勁的科學方法　　73

CHAPTER 4 　【工作中・PM】
恢復專注力的科學方法　　97

CHAPTER **5** 　【人際關係】
抵擋他人攻擊的科學方法　　　　**127**

CHAPTER 6 【夜晚】
消除整天壓力的科學方法　　171

CHAPTER **7** 【假日】
紓緩壓力、提升活力的科學方法 **211**

【早晨】
消除一整天的焦慮和擔心
的科學方法

01-14

早上起床之後先回想開心的回憶

效果：焦躁／憂鬱

—劍橋大學　阿斯凱隆德等多位研究員的研究—

●利用早晨的時間減輕一整天壓力的技巧

研究證實，早上是體內皮質醇濃度最高的時段，而皮質醇正是大家所知道的「壓力荷爾蒙」。換言之，早上之所以會有起床氣，就是皮質醇在作祟。

如果想要避免一早起床的焦躁情緒，可以參考劍橋大學阿斯凱隆德等人所提出的「利用早上減輕壓力」的方法。

這項研究是以 427 名 14 歲的青少年為對象，研究人員會在受試者睡醒之後，透過不同的信號，讓他們回想起過去不開心和開心的回憶，1 分鐘之後再調查他們體內出現的反應。實驗一共進行 6 次。

經過一年的追蹤調查後發現，多數想起開心回憶的受試者，體內的皮質醇分泌會減少，長期來說也會變得比較不會否定自己。

這項研究的目的原本其實是為了找出對抗憂鬱症的方法，沒想到卻意外發現，在人類天敵皮質醇濃度最高的早上，只要靠著回想過去正面的人生經驗，就能降低罹患憂鬱症的風險。

●整天一直想會帶來反效果

既然這樣，是不是一整天不斷想著過去開心的回憶，效果就愈好呢？其實並非如此，根據日本理化學研究所木村等人的研究，經常回想過去的回憶，可能會引發記憶障礙。

人在上了年紀之後，大腦的內嗅皮質部位會開始堆積 Tau 蛋白。研究認為，Tau 蛋白就是造成記憶障礙的原因，和失智症也有密切關係。

木村等人的研究團隊透過老鼠實驗證實,大腦長時間受到過去記憶的刺激,會促進「GSK-3β」酵素的作用,使得 Tau 蛋白更容易堆積。

雖然目前尚未找出減少 Tau 蛋白的方法,不過可以確定的是,如果一直不嘗試新的事物,製造新的記憶,大腦很容易就會想起過去的回憶。

因此,每天早上花 1 分鐘的時間回想過去開心的事情,同時不斷給予大腦新的刺激和記憶,當作是大腦的定期維修,這麼一來才有辦法減輕壓力,降低記憶障礙的風險。

早上起床之後想起什麼樣的回憶很重要

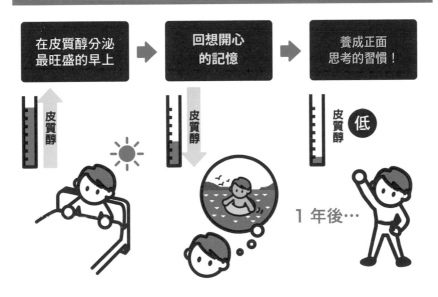

早上起床之後,花1分鐘的時間回想開心的回憶。

慢跑

效果：控制情緒

—東京大學　劉等多位研究員的研究—

●慢跑會讓心情變好的科學原因

研究顯示，**遇到不開心的事情，或是壓力太大的時候，慢跑可以有效地轉換心情，讓人心情變好。**

而且更驚人的是，這當中還有生理學上的原因。

哈佛大學的伯恩斯坦和麥克納利指出，**慢跑能夠有效控制包含憂鬱在內的各種情緒。**

這項實驗將受試者分成慢跑和伸展運動兩個組別，在經過約 30 分鐘的運動之後，再請受試者觀賞賺人熱淚的感人電影。

結果發現，兩組受試者同樣都會因為電影情節感到難過和悲傷，可是電影結束之後，**慢跑組在情緒恢復上，明顯比伸展組要來得更快。**

●跑步會刺激腦內神經傳導物質增加分泌

東京大學的劉等人也透過實驗證實，**跑步時的每一步，都會對大腦帶來刺激，促使腦內神經傳導物質的分泌增加。**

研究人員花了一個星期的時間，透過讓老鼠跑跑步機來研究跑步對大腦帶來的反應。

實驗結果發現，每天跑步約 30 分鐘，**大腦中的血清素受體會受到刺激而活化。血清素和覺醒、心情、記憶及自律神經的調整等，都有密切關係。**

●慢跑的效果可維持長達一整個星期！

不僅如此，研究也發現，持續跑步一個星期之後，活化大腦的效果如

果以最後一次運動開始計算，可以維持長達 72 小時以上至一整個星期的時間。

　　各位如果覺得心情似乎有點沮喪、提不起勁，就去慢跑吧。而且只要持續養成跑步的習慣，不但可以改善自律神經的調節功能，身體也會變得更健康、更有活力。

　　就算只是呼吸戶外的新鮮空氣，對轉換心情來說也很有幫助，更別說跑步的效果可是有科學依據為證的呢。

慢跑蘊藏著難以想像的驚人效果！

慢跑	
跑步〇　休息✕	效果持續！
一	〇
二	〇
三	〇
四	〇
五	〇
六	〇
日	〇
一	✕
二	✕
三	✕
四	✕
五	✕
六	✕
日	✕

活化腦內神經傳導物質的分泌

每一步的刺激

感覺有壓力的時候，就去慢跑。
面對有壓力的事情之前，也可以去慢跑。

培養優質的晨間習慣

效果：腦疲勞／幹勁

—千葉大學　李等多位研究員的研究—

●晨間習慣①　透過運動增加心率

早上剛睡醒時，大腦總是昏昏沉沉的，這時候喚醒大腦最有效的方法就是運動。大腦的運作必須要有糖分和氧氣作為能量來源，而**吃早餐可以確保糖分的攝取，運動則能增加心率，有效地將血氧濃度高的血液不斷傳送到大腦**。

山口大學的佐佐木和塩田曾經做過一項研究，他們讓受試者早上起床之後先做健康操，接著再進行運球和慢跑等運動，等到心率達到每分鐘 120 ～ 140 下，再讓受試者做計算測驗。結果發現，每個人的答題率和正確率都提高了。

這項研究證實了工作之前先運動，可以讓大腦以最佳狀態完成工作。換言之，運動就是上班前最適合的活動。

●晨間習慣②　洗澡

運動完滿身大汗之後洗個澡，也能有效地讓大腦更清醒。

千葉大學的李等人的實驗讓受試者從早上 7 點開始，每隔幾個小時就以攝氏 40 度的水溫泡澡約 10 分鐘或是淋浴，或者是進行蒸氣桑拿，接著再進行測驗。

實驗結果顯示，**比起淋浴，泡澡和蒸氣桑拿對於消除身體疲勞的效果更好**。

在答題的正確率方面，在早上 10 點之後泡澡和淋浴，有助於提高答題的正確率。

另外，泡澡和蒸氣桑拿也有提高注意力和判斷力的效果，澡完澡之後也比較不容易感到疲累。

　　順帶一提，根據東京瓦斯都市生活研究所的研究，**早上只要花 1 分鐘的時間簡單沖個澡，就有改善體臭的作用，而且效果還能持續到傍晚。**所以，大家務必要養成早上洗澡的習慣，既能打起精神，又能讓自己更清爽，一舉兩得！

科學家歸納出的最有效的晨間習慣

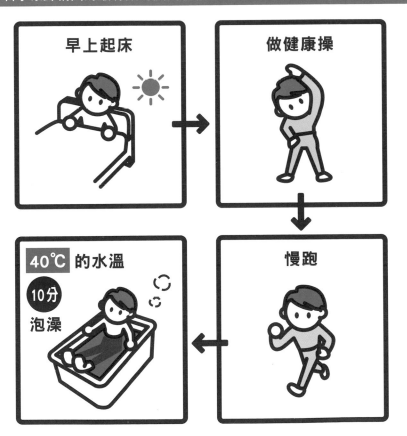

| 早上起床 | 做健康操 |

| 40℃ 的水溫　10分　泡澡 | 慢跑 |

早上一起床先做健康操，接著慢跑，
最後以40度水溫泡澡約10分鐘。

擦指甲油

效果：不安感／緊張／疲勞

—京都大學　平松等多位研究員的研究—

● 化妝有助於提升自我滿足感

想要變得喜歡自己、重視自己，先從自己的身體做起，也是很重要的一件事。

同志社大學的余語等人，在一項針對 24 名 20 ～ 29 歲年輕女性的研究中觀察到，化妝能提高一個人的自尊心和自我滿足感，如果是讓專業化妝師幫忙化妝，甚至還能消除心裡的不安，說話的音調也會提高，顯得更有自信。

● 看見化妝的自己能讓腦波放鬆下來

長崎大學的土居做過一項「化妝與自尊心的關聯性」的研究，對象是年輕女性，實驗方法是觀察受試者在看到自己「①平常沒有化妝時的臉」、「②經過化妝的漂亮臉蛋」、「③化醜妝的臉」等三種情況下的大腦活動狀況。

結果顯示，在看到「③化醜妝的臉」時，後腦部位測得的腦波成分 N250 的振幅強度明顯變大。N250 這種腦波一般會出現於大腦受到刺激後的 0.25 秒，自尊心愈低，這種腦波的振幅會愈強烈。

也就是說，這項研究的結果顯示，「當人看見自己的面貌比原本的自我形象還要醜的時候，會造成自尊心低落。」可見自己的樣貌和自尊心有著密切的關聯性。

● 只要擦上指甲油，就能降低心裡的不安、緊張和疲勞

雖然近年來會化妝的男性也有增加的趨勢，不過對多數男性來說，心裡對「化妝」應該多少還是有所抗拒，那麼不妨可以嘗試擦指甲油。

根據京都大學平松等人的研究，他們請 15 名大學生擦上指甲油，觀察他們心裡的情緒變化時發現，**原本的緊張、疲勞、沮喪等情緒，都獲得了紓解的效果。**從整體統計來看，心情上也變得更放鬆。

平松等人指出，這可能是因為擦上指甲油之後，不必透過鏡子就能看見，而且看到的機會也比較多，所以才有這樣的效果。

換言之，修磨指甲或是擦指甲油，應該都有相同的效果。注重儀容，讓自己看起來乾淨漂亮，這些都有助於提高自尊心，使自己顯得更從容自信。

注重儀容是為了自己

注重自我儀容，不只是為了在他人眼中呈現的樣子，
同時也是為了自己。

把暖色系穿在身上

效果：幹勁／活力

—格濟大學　尤迪倫等多位研究員的研究—

●暖色系的色調能給人帶來活力

色彩心理學的研究源自 19 世紀起，指的是以科學根據為基礎來選擇顏色的使用，用以展現自我心情。

在格濟大學的研究中，尤迪倫和研究團隊透過電腦螢幕讓受試者分別看到兩張圖片，一張是暖色系的客廳照片，一張是冷色系的客廳照片，觀察受試者的心理變化。

研究結果顯示，受試者對於暖色系的感覺大多是「精神振奮」、「有活力、有精神」，對於冷色系則有「沒有精神」、「冷靜」的感受。

●為什麼美國的政治人物在重要時刻都會選擇紅色領帶？

羅徹斯特大學的維爾特曼和艾略特做過一項實驗研究，他們利用電腦模擬跆拳道比賽，讓受試者分別佩戴紅色和藍色護具上場比賽。根據受試者的感受，在佩戴紅色護具時，會感覺自己比較佔優勢，能給對手帶來壓迫感。

格濟大學的尤迪倫等人同樣也透過研究發現，足球員在踢十二碼罰球時，比起面對綠色、藍色、黃色等其他顏色的球衣，面對穿著紅色球衣的守門員時，會更難以決定踢球的方向。

由此可知，**紅色除了能讓自己感覺更有精神以外，也會給對方帶來壓迫感，因此用來作為服裝上的重點搭配，效果十足。**

美國總統大選的歷屆候選人在出席重要場合時，經常會以紅色領帶的打扮現身，目的就是為了利用紅色帶來的效果。

如果想把暖色調放入日常生活中，在情緒低落或是提不起勁的時候，可以透過橘色等色彩的效果來提振精神。

遇到上台報告等重要場合，就用紅色來作為服裝上的重點搭配，也是不錯的選擇。

●藍色有安撫焦躁心情、紓解壓力的效果

另外，長岡科學大學的野村等人研究證實，**藍色也具有舒緩壓力的效果。**

可見每一種顏色都有各自的功效，大家不妨視場合選擇適合的顏色來穿搭，讓自己成為一個才「色」兼備的人。

視場合穿搭紅色和藍色

☑ 提升幹勁

☑ 振奮精神

☑ 展現氣勢

☑ 展現熱情

☑ 安撫焦躁的心情

☑ 冷靜

☑ 放鬆

☑ 展現知性

想要提振自我精神，就善用暖色系；
想要安撫焦慮的情緒，可以試著把冷色系穿在身上。

06 早晨

反過來利用參照點

效果：自卑感

—加州大學聖地牙哥分校　蘭蓋克的研究—

●何謂「參照點」？

很多人都會對自己的外貌感到自卑，導致心情低落。如果不知道怎麼面對自己的自卑心，這種時候只要反過來利用「參照點」，就不會再覺得自卑了。

人在面對某個人事物的時候，會先從對方的身上找出特徵，以此為依據去瞭解、認識對方，或是把這個特徵當成是對方的象徵。這種能力稱為「參照點能力」，而作為依據的特徵就叫做「參照點」。

舉例來說，當一個人說「讀漱石」，實際上他的意思是指「讀夏目漱石的『小說』」，可是就算他只說「讀漱石」，大家也都聽得懂，因為大家會以「漱石」這個明顯的特徵作為參照點，以此來判斷他的意思就是「讀夏目漱石的小說」。

●「反過來利用參照點」是什麼意思？

另外像是**自己覺得自卑的部分被他人拿來取綽號，其實也是參照點的原理**。以這種情況來說，最好的解決辦法，就是讓參照點消失不見。只不過，自卑的部分不可能說消失就消失。

那麼該怎麼辦呢？

這種時候，**只要創造其他的參照點就行了**。反過來利用「參照點」，指的就是這個意思。

假設覺得自己長得不好看，那就嘗試大膽的髮型，讓大家的參照點從臉蛋轉移到髮型上。如果在意自己的肥胖身材，只要營造出另一個比身材更引人注目的正向參照點，大家對你「胖子」的印象自然就會變淡，你也能更容易擺脫自卑的壓力。

●為什麼有些人喜歡戴平光眼鏡？

　　相信很多人都聽過一種說法是，<u>眼睛看起來比較兇的人，可以配戴平光眼鏡來改變印象，消除自卑感。</u>

　　另外像是沒有個性，或是長相不容易讓人家留下印象的人，也可以試著刻意為自己製造一些「特徵」來增加印象，例如配戴有色鏡框或是戴帽子之類。

　　這種「為自己創造參照點」的方法，也是許多演藝人員都會運用的手法，目的其實就是在創造自己的特色。

「反過來利用參照點」的具體方法

覺得自己眼神太兇

配戴眼鏡

表情變得柔和

眼神太溫柔

配戴墨鏡

酷帥感提升！

如果對自己某部分的外貌感到自卑，
不妨試著創造其他引人注目的特徵來轉移焦點。

透過——確認來放下不安

效果：不安／擔心

—千葉大學　石川亮太郎等多位研究員的研究—

●給總是過於擔心而活得很累的人的壓力處方箋

「不安」是現代人在競爭社會中生存下來的武器。雖然說是這樣，個性容易擔心的人，還是經常會覺得生活很累、很辛苦。

成天擔心這個、擔心那個，各種焦慮不安的心情變得綁手綁腳，漸漸限制了自己的行動，嚴重的話甚至會演變成「強迫症」，不得不小心。

那麼，要怎麼做才能避免過度擔心，減輕活得很累的感覺呢？

千葉大學的石川等人就曾經針對有加害恐懼（覺得自己對他人造成傷害的症狀）的患者，進行了強迫症的認知行為治療。

●一步步消除造成不安的因素

實驗其中一名男性患者，他因為強迫思考（obsession）的關係，老是擔心自己的側背包會不小心勾到瓦斯爐開關，導致點火而造成火災，所以每一次從朋友家離開時都會反覆再三確認爐火。

於是，為了確認用側背包是否能轉動瓦斯爐開關，石川等人和這名患者一起實際做了實驗，試著用側背包去勾動瓦斯爐開關。結果證實，瓦斯爐的開關相當堅固，不管背包碰到或是壓到，都沒辦法輕易轉動而點火。

見證了這個結果之後，漸漸地男子到朋友家作客，再也不會因為擔心火災而再三確認爐火了。

這個實際經驗讓他一步步消除心裡的不安因素，最後成功放下擔心。

從這個例子可以知道，經常累積「就算○○也不會有壞事發生」的經驗，對於改善容易擔心的個性非常有效。

●你所擔心的事情，有九成都不會發生

實際上，根據賓州大學的博科維奇等人的研究，一般人擔心的事情，有 79% 都不會真的發生。至於剩餘的 21%，當中有 16% 只要事前做好準備便能應對。換言之，擔心的事情最後成真的機率只有 5%。

容易過度擔心的人，可以隨時提醒自己這項研究結果，盡可能地放下心裡的擔憂。

如果是不敢行動的人，可以透過一些自我鼓舞的句子，像是「實際去做比想像中容易」、「寧願做了之後後悔，也不要後悔沒有做」等，每當自己躊躇不決的時候，就用這些句子鼓舞自己，讓自己勇敢放手去做。

研究證實擔心的事情最後成真的機率

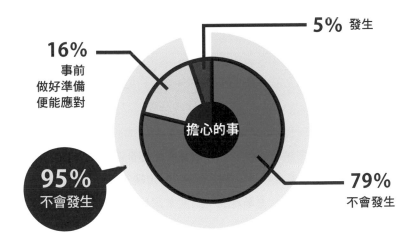

5% 發生

16%
事前
做好準備
便能應對

擔心的事

95%
不會發生

79%
不會發生

擔心的時候，或是過於擔心而不敢行動的時候，
就告訴自己：擔心的事情有九成都不會發生。

用緊張興奮來表達不安的心情

效果：不安

—哈佛商學院　布魯克斯的研究—

● 「不安」是智慧的證明

只要改變想法，不安的心情也能成為一種策略性的武器。

里斯本大學的神經學家達馬吉歐曾經說過：「『控制情緒能讓自己做出更好的決策判斷』，這個說法是錯誤的。」

因為感到不安，所以更能客觀地審視狀況。因為感到不安，所以才會不停地想辦法去努力，採取應對……換言之，「不安是智慧的證明」。

哈佛商學院的布魯克斯也透過研究指出，「如果沒有那麼一點點的不安和緊張，人無法發揮好的表現。」

不安是促使生物採取行動的本能。也就是說，因為感到不安，所以會促使自己不得不做些行動來應對。

● 只要用「緊張興奮」的說法來表現「不安」，就能提升表現！

有趣的是，研究發現大腦在興奮狀態下，會比放鬆的狀態更有效率。

布魯克斯建議，**與其讓自己從不安中冷靜、放鬆下來，不如把不安轉變成緊張、興奮的情緒。若是以槓桿原理來比喻，假設「不安」是支點，這個時候施力點應該擺在緊張興奮的狀態，而不是放鬆狀態，才能發揮更大的力量。**

這項實驗找來上千名的受試者，要求他們在陌生人面前唱歌、對著攝影機演說，或是解計算題。布魯克斯把受試者分成以下 3 組，觀察各組的結果有何差異。

第 1 組 實驗開始前大喊「我現在好緊張、好興奮！」
第 2 組 實驗開始前大喊「我現在好擔心！」
第 3 組 實驗開始前什麼話都沒說

結果發現，不論是哪一項測驗內容，在開始之前大喊「我現在好緊張、好興奮！」的組別，表現結果都相對不錯。

例如在歌曲的節奏和拍子的測驗當中，大喊「我現在好擔心！」的人，正確率是 52.98%，大喊「我現在好緊張、好興奮！」的人則是 80.52%，什麼話都沒說的人是 69.52%。

● 不安，表示身體處於充滿幹勁的狀態

布魯克斯的這項研究重點在於，用「緊張興奮」來重新解釋「不安」的心情。

緊張興奮的心情有助於提升表現，也就是讓自己處於充滿幹勁的狀態。相反的，冷靜下來就會像是車子熄火一樣，缺少行動力。這麼說起來，當然是緊張比較好。

這也是為什麼在面對重大場合的時候，比起勉強自己冷靜下來，告訴自己「打起精神！」或是「要開始嘍，很興奮吧！」，效果會更好。

> 心裡不安、不知道該怎麼辦的時候，
> 不妨對自己說「我現在好緊張、好興奮！」。

相信自己運氣很好

效果：專注力／不安

—赫特福德大學　魏斯曼的研究—

●研究發現，運氣好的人都有共同的習慣

我是個運氣很背的人……

這種一廂情願的負面想法，會讓凡事變得更複雜，給自己徒生不必要的煩惱。

科隆大學的研究團隊達米斯等人做了一項實驗，說明「迷信」對人產生的重大影響力。

達米斯等人讓所有受試者接受高爾夫球的推桿測驗，並且告訴其中一半的受試者「你用的球是幸運球」。

結果，被告知使用幸運球的人，進洞率平均10球進了6.75球。相反的，沒有被告知的人，進洞率平均10球只進了4.75球，差距非常大。

以結論來說，被告知使用幸運球的人，進洞率竟然提升了35%。

●迷信的力量會促使人自我改變——安慰劑效應

日本有句諺語說：「鰯の頭も信心から」，意思是只要真心相信，就算是沙丁魚頭這種微不足道的東西，都會變得崇高。這也就是所謂的安慰劑效應。赫特福德大學的魏斯曼認為，這種「心誠則靈」的力量十分強大。

根據他的實驗調查，相信自己是幸運之人的人，發現暗藏在報紙中的獎金訊息而獲得賞金的機率特別高。

相反的，認為「自己運氣不好」的人，通常會比較消極，不愛交際。

安慰劑效應也是一種暗示效應，就算是沒有效果的藥物，只要被告知有效，人吃了以後就會覺得真的有效。這種迷信的力量，有時候也會發揮提升自癒力的效果，促使人改變自己的身體狀況。

魏斯曼認為，只要相信自己運氣好，身邊的人對你的態度也會跟著變好，生活慢慢產生改變。

「運氣會隨著心態和行動不同而變好」。

只要相信自己運氣好，因為不安和壓力感到煩惱的機會自然會日漸減少。

只要相信自己運氣好，表現就會跟著變好

每天告訴自己：「毫無疑問地我就是個幸運兒！」

為他人的幸福著想

效果：幸福感／不安／同理心

—愛荷華州立大學 珍泰爾等多位研究員的研究—

●祈禱他人幸福的同時，自己也會得到幸福的科學證據

與其對討厭的對象心生妒嫉和怨恨，不如為自己喜歡的人祈求幸福。

愛荷華州立大學的珍泰爾等人，透過**「祈禱他人幸福的同時，自己也會得到幸福」**的實驗，證實了這一點的重要性。

這項實驗找來 496 名大學生，請他們在校園裡散步，時間為 12 分鐘，遇到每個人時，心裡都要想著「一件事」。依照所想的事情不同，分成以下 4 組。

第 1 組 友善地希望對方得到幸福
第 2 組 想著對方和自己有哪些共同點
第 3 組 想著對方有哪些地方勝過自己
第 4 組 觀察對方的打扮和隨身物品

研究人員最後將受試者散步前後的不安、幸福感、壓力、同理心、與他人的關係等心情，全部轉化成數據做研究。

結果發現，第 1 組 祈禱他人幸福的人，散步後的幸福感提升了，相對地心裡的不安減少，在同理心和與他人的關係方面，也得到提升的作用。

●祈禱他人幸福所帶來的效果，不會因人而異

不只如此，這個實驗值得注意的是，從實驗結果完全看不到任何個別差異。

也就是說，**就算是自我迷戀的自戀狂，或者是個性隨和、合群的人，所有祈禱他人幸福的人，都能得到一樣的效果。**

●具體、切身的行為，帶來的幸福感更大

　　休士頓大學的魯德等人也透過研究證實，切身而具體的利他行為，所帶來的幸福感更大。

　　根據研究，比起「為社會貢獻」這種抽象的目標，具體而容易付諸行動的行為，**像是「笑臉迎人」、「多做回收」等，受試者能獲得更多的幸福感。**

　　由此可知，「善有善報」的說法其實是有科學根據的。

祈求他人幸福的驚人效果

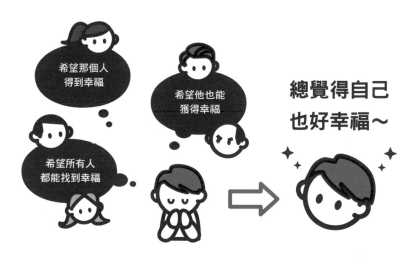

> 改掉詛咒他人不幸的念頭，
> 養成為他人祈求幸福的思維習慣。

別把理想設定得太高

效果：矛盾／憂鬱

—巴塞隆納大學　菲塞斯等多位研究員的研究—

●理想和現實的差距愈大，愈容易產生認知失調

心裡的期望，無法成真的現實。當理想和現實出現差距而使人感到「矛盾」時，人會不知道如何面對自己的內心。這是非常嚴重的問題。

這種內心的矛盾就叫做「認知失調」。認知失調會讓人感覺不舒服，為了排解這種不舒服的感覺，人就會開始找藉口合理化自己的行為，甚至是攻擊他人。這股不舒服的感覺一旦過於嚴重，還會引發心病。

●內心的「矛盾」會導致憂鬱

巴塞隆納大學的菲塞斯等人分別針對 161 名有憂鬱症狀的受試者，以及 110 名心理健康的受試者進行研究調查，發現前者有心理「矛盾」的比例高達 68.3%，後者的比例為 34.5%。

也就是說，有憂鬱症的受試者當中，約 **7** 成的人心裡都存在著矛盾，比例是心理健康的人的 **2** 倍以上。

這個結果也顯示了內心矛盾和憂鬱之間的密切關係，在這些有憂鬱症狀，且內心感到矛盾的受試者當中，高達 86% 的人都曾經有過自殺的經驗。

●自己是否有「用負面態度看待現實」的自動化思維？

內心「矛盾」的人，因為心中有所「理想」，所以經常會用負面的態度去看待現實。

引發這種負面思考的原因之一，就是所謂的負面的「自動化思維」（automatic thoughts）。**自動化思維指的是在面對某些人或是狀況的時候，內心自然產生的、無關意志的想法和說法。**

舉例來說，憂鬱症患者常見的症狀之一，就是因為自動化思維而產生「我跟任何人都處不來」、「沒有人回信給我，我一定是被排擠」等缺乏邏輯、不合理的偏見。

　　這種自動化思維的起因，通常是因為過去的某些經驗，導致思維模式產生扭曲。

　　負面的自動化思維無法在一時之間修正，只能透過慢慢導正認知，讓自動化思維朝正向改變。

　　事實只有一個，解釋卻有無限的可能。所以，「別想太多」的能力，也許是在這世上從容生存的重要能力也說不定。

內心矛盾的人愈容易有憂鬱傾向的原因

容易憂鬱

> 檢視自己是不是把理想設定得太高了，
> 或者是習慣以負面的自動化思維看待事物。

若則計畫法的使用

效果：誘惑／暴飲暴食／緊張／不安

—紐約大學　戈爾維策的研究—

●事先想好讓自己冷靜下來的方法

心情煩躁，忍不住想大吃一頓；壓力太大，忍不住想亂買東西……抵擋不了這些誘惑的時候，不妨可以嘗試「若則」計畫法（if-then-planning）。

紐約大學的戈爾維策認為，事先告訴自己「若是（if）～則（then）～」，可以有效對抗誘惑。

舉例來說，跟自己約定好「若是覺得壓力太大，想吃高熱量甜點！」（if）的時候，「則馬上做 10 下深蹲」（then）。

又例如「若是覺得心情煩躁，想抽菸」（if）的時候，「則大灌一杯水來克制想抽菸的念頭」（then）。

簡單來說就是，事先決定好面對難以抗拒的誘惑時，讓自己冷靜下來的方法，這就是「若則」計畫法。

●利用若則計畫法能成功克制食慾

康斯坦茨大學的艾特基卡等人的實驗找來 94 名學生，要求他們告訴自己「假如我很想吃○○（高熱量食物），我就會忘了這件事！」，並且反覆說 3 次，然後經過一個星期之後，調查學生們最後吃了多少東西。

結果發現，採取「若則計畫法」的學生，比起沒有這麼做的學生，最後吃下的分量減少了將近一半。

●利用若則計畫法在正式比賽中獲得更好的成績

在另一個以 107 名網球選手為對象的實驗當中，研究人員在比賽當天將選手分成以下 3 組，比賽結束之後再請選手自己和教練、團隊人員一同為選手的比賽表現打分數。

第 1 組 請選手在寫有「我會全心全意投入比賽，以求勝利」的字條上劃線並簽名

第 2 組 目標同上，並且採取若則計畫法（例如「假如出現『專注力不夠』等負面情緒，我會『想辦法冷靜下來』等）

第 3 組 什麼事都不做

結果，第 2 組 採取「若則計畫法」的選手，最後的比賽表現遠遠優於其他選手。

有研究指出，若則計畫法對於大腦前額葉皮質出現功能障礙的患者，也很有效。如果你總是抵擋不了誘惑，建議一定要試試「若則計畫法」的驚人效果。

「若則計畫法」的基本句型

If 若是 ⬜

then 則 ⬜

※利用這個句型，事先做好應對準備。

設想面臨誘惑、緊張、不安等各種情況，
利用「若則計畫法」事先做好應對方法。

抬頭看天空

效果：疲勞／不安

―大阪市立大學　水野等多位研究員的研究―

●光是看著舒服的風景圖片，就會感覺疲勞減輕

只要抬頭看著萬里晴空，就會感覺獲得「療癒」，十分神奇。

根據大阪市立大學的水野等人的研究，只要看著藍天等「舒服」的風景和圖片，就能減緩工作帶來的疲勞，降低專注力和效率變差的發生機率。

●藍色有抑制壓力的作用

長岡技術科學大學的野村找來 23 名受試者，分別戴上紅色、藍色、透明等不同鏡片的眼鏡進行計算測驗。

結果發現，戴上藍色眼鏡的時候，專注力更好，壓力荷爾蒙「皮質醇」的分泌也比較少。換言之，藍色具有抑制壓力的效果。這個實驗等於證實了藍色是能夠「鎮靜神經的顏色」。

在農研機構和筑波大學的共同研究當中，研究人員先讓受試者看一些昆蟲、蛇、事故現場等不舒服的圖片，給予受試者壓力。接著再讓他們看花、藍天、椅子等圖片，從受試者的血壓和皮質醇的變化，觀察這些元素減輕壓力的效果。結果發現，藍天和花都有紓緩壓力的效果。

●重點在於抬頭的姿勢

這裡的重點在於，抬頭看天空的時候，要「把背挺直」。

只要姿勢做得正確，就能降低壓力荷爾蒙分泌，提高對抗壓力的能力。關於這一點，後續在 54 頁會再詳細說明。

同樣的，在馬德里自治大學的布里諾的研究中，71 位大學生被分成「①挺胸姿勢」和「②駝背姿勢」兩個不同組別，分別寫下自己的優缺點。結果，「①挺胸姿勢」的受試者明顯對自己比較有自信。

抬頭看天空既不花錢，而且每個人都做得到，感覺疲憊的時候，就抬頭看看天空，心情就會變好，也會對自己更有信心。

抬頭看天空舒緩壓力法

抬頭看看
藍天

效果

☑ 緩解疲勞
☑ 提升專注力
☑ 恢復平靜
☑ 增加自信

身體挺直

感到疲勞、不安，壓力變大的時候，
就挺直背脊，抬頭看看藍天吧。

專注在當下

效果：不安／幸福感

—哈佛大學　基林斯沃思和吉爾伯特的研究—

● 95% 的擔心都不會成真

做任何事情都會沒來由地感到擔心、不安。這種不安的心情，是現代人生活中的最大敵人，也是引發壓力的根源。

只不過，在 27 頁也說明過，根據賓州大學博科維奇等人的研究顯示，「一般人擔心的事情，有 95% 都不會發生」。也就是說，大部分的不安都只是杞人憂天罷了。

●煩惱的不是問題本身，而是煩惱不知道如何解決問題

雪梨大學的薩柏，和新南威爾斯大學的拉維邦德以 39 名大學生為對象進行研究，發現有 48% 的煩惱，都跟解決問題的過程有關。

換言之，比起最後的結果，如何解決問題才是大家最煩惱的事情。而且，一開始就認定結果已成定局、無法改變的人，通常會否定各種解決辦法。

這類型的人認為，無論哪一種方法，「一定都行不通」。除非事情出現轉機，否則他們會就這樣一直煩惱下去。

●只要專注在當下，就不會受擔心和煩惱所困

哈佛大學的基林斯沃思和吉爾伯特也主張，「人有一半的思考，都跟當下的事情無關。」

他們開發了一款研究用的手機應用程式，針對五千名研究對象，透過這個應用程式，在一天中隨機數度詢問受試者「你現在正在做什麼？」「你現在正在想什麼？」「你現在有多幸福？」等問題。

結果發現，比起生活精采，卻無法專注在當下的人，生活平淡，可是專注在當下的人，能感受到更多幸福。

比起雜亂的思緒，只有不管做任何事情都專心一志、全力以赴，才會感受到快樂。紛亂的思緒只會讓人難以感受到幸福和快樂。

擔心這個、擔心那個，結果很多都只是杞人憂天，所以就別想太多，先專注在眼前的事情吧。一旦開始採取行動，一定能感覺到煩惱消失，心情輕鬆許多。

只要專注在眼前的事情，煩惱自然會消失

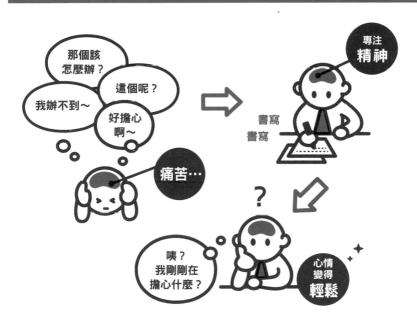

與其擔心太多，因為害怕而躊躇不前，
不如先試著專心在眼前的事情上。

「不安」是從生存競爭中生存下來的武器

不安是人類一切行為的原動力。不管是想太多、煩惱、聽信口碑、跟風排隊、迷戀名牌、屈服權威、在乎面子等,所有一切的行為,都是為了消除心裡「不安」的感覺。

從演化心理學的角度來看,人類心理的運作方式,從遠古的石器時代開始就不曾進化過。如果從智人(Homo sapiens)的出現開始計算的這數十萬年漫長的人類歷史來看,文明的進步不過就像是幾分鐘前才發生的事情一樣。

生物演化需要漫長的時間,就現代文明發展的短暫歷史來說,根本不足以讓人類進化。換言之,現代人的心理和身體,都跟石器時代時一樣。

如果以現代的角度來說,石器時代的人們一個不小心就可能喪命,所以為了保住性命,必須隨時警覺日常生活中的細微變化和異狀,並且保持注意,分辨是否會危及自身的性命。

就算只是微不足道的小事情,也要擔心害怕,因為這樣才能及早做好準備面對危險,對生存競爭來說,是比較有利的作法。

因此,面對不安,很重要的一點是,別再把它完全當作是「負面」情緒看待了,應該視它為「武器」好好地共處。

CHAPTER

2

【工作中・AM】
讓一天的工作能有好的開始
的科學方法

15-28

15 打招呼

效果：好感度

—堪薩斯大學　愛德華和約翰斯頓的研究—

●**為什麼打招呼會讓身邊的人心情變好？**

　　一般人的壓力，大部分都是來自於人際關係，而說到人際關係的基本，當然就是「打招呼」了。堪薩斯大學的愛德華和約翰斯頓的研究告訴我們，事實上，好好地跟人打招呼才是正確的作法。

　　他們的實驗對象是一群國高中生和校車司機。

　　他們找來幾台不同的校車，一台載著約 45 名的高中二、三年級學生，一台載著約 30 名的國中三年級和高中一年級學生，還有一台載著約 20 名的高中二、三年級學生。實驗方式是請司機主動跟學生打招呼，例如「你好」、「再見」等，觀察學生的反應。

　　結果，**司機如果沒有主動打招呼，當天學生打招呼的次數平均只有 0 ～ 0.25 次。**

　　相對的，如果司機主動打招呼，學生的平均次數會增加約 10 次左右，主動打招呼的次數也會多了將近 5 次。

　　另外，想當然耳，比起不打招呼的司機，學生普遍比較喜歡會主動打招呼的司機，因為會有備受禮遇的感覺。

●**從演化論的角度來說，打招呼是辨別敵友的手段**

　　打招呼沒有所謂的低潮期。

　　就算是情緒低落，有沒有主動打招呼，身邊的人反應也會不一樣。

　　打招呼在日文裡漢字寫作「挨拶」，「挨」有「打開心房」的意思，「拶」則有「拉近距離」的意思。

　　也就是說，打招呼就如同上述實驗結果所示，有拉近與他人之間的內心距離的效果。

如果從演化的觀點來看，打招呼也是一種人類之間發展出來，用來辨別敵友的手段，透過打招呼來告訴對方「我不是你的敵人」。

再加上這是一種善意的表現，因此在「互惠原則」的作用之下（請參閱 142 頁），只要經常主動打招呼，自然會得到更多身邊的善意回應。

打招呼不僅有助於建立良好的人際關係，還有許多正面的效果。所以不管任何時候，就算是心情不好，都別忘了一定要主動打招呼。

從科學角度解釋打招呼對人際關係的重大影響

① 示好效果

你好！

我不是你的敵人

這個人主動跟我打招呼，應該是自己人

你好！

是個好人呢～

② 互惠原理效果

任何時候，就算是心情不好，
都別忘了一定要主動打招呼。

跳著走路

效果：憂鬱／心情低落

―密西根大學安納堡分校　夏佛等多位研究員的研究―

●跳躍能使人開心！

心情低落的時候，就試著跳著走路吧。

密西根州立大學安納堡分校的夏佛等人，根據各項腦科學的先行研究進行實驗，證實了人類的情緒可以透過身體的動作來加以控制。

他們讓 22 名受試者觀看一些表現「開心」、「難過」、「恐懼」、「中立」等情緒的影片，要求受試者跟著模仿影片中的動作，再透過 fMRI（功能性核磁共振造影）記錄受試者大腦的活動狀況。

結果發現，在做跳起來等開心的動作時，心情會變得愉快。相反的，做到垂下肩膀等難過的動作時，心情也會跟著變得難過。

順帶一提的是，研究也發現，如果只是看著這些表現情緒的動作影片，看到開心的影片時，心情並不會變得開心，不過看到難過的影片時，情緒卻會跟著變得低落。

●身體跳一跳，精神也跟著來了

夏佛等人實驗的動作雖然只是跳躍，不是跳著走路，不過他們在研究報告中也提到，若以理論和實驗結果來推測，「像小孩子一樣跳著走路的動作，會讓人心情變愉快。」

的確，人在開心、快樂的時候，走路都會跳著走。換言之，心情沮喪的時候，試試跳著走路或是擺動手腳的動作，心情自然會跟著好起來。

早上上班的時候，也可以稍微跳著走路，振奮一下一整天的心情。

當然，有些人可能會感覺不好意思，如果是這樣的話，不妨自創一些只有自己知道的「獨創手腳動作」

不只是「因為開心而做動作」。

還要「做動作讓自己開心」。

既然有科學研究為證，下回遇到不開心的事情，或是想趕走鬱悶心情的時候，就試試跳著走路吧。

「跳」的英文「skip」這個字也有「跳過」的意思，所以也能幫自己跳過那些討厭的負面情緒。

想振奮精神的時候，就跳起來擺動一下手腳吧

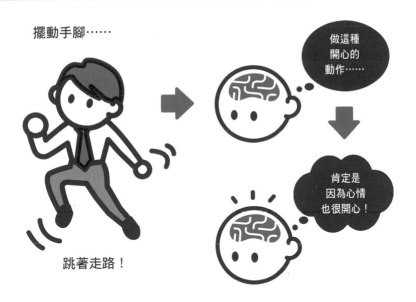

擺動手腳……

做這種開心的動作……

肯定是因為心情也很開心！

跳著走路！

> 感覺悶悶不樂、心情低落的時候，
> 就跳著走路，擺動一下手腳吧。

裝出笑容

效果：不安／壓力

—堪薩斯大學　卡夫和普雷斯曼的研究—

●不是因為開心才笑，而是笑了才開心

各位知道嗎？人的笑容不是因為覺得「開心」或是「快樂」，而是先有笑容，才感覺到「開心」和「快樂」。

也就是說，就算是裝出來的笑容，也能帶來好心情。

堪薩斯大學的卡夫和普雷斯曼做過一項有趣的實驗，他們將受試者分成三組，用各種不同的嘴型咬著筷子。

接著，他們對受試者進行各種壓力測試，例如把受試者的手放在冰水裡一分鐘，測量每一組的心率和壓力指數。

光是做出微笑的嘴型，就能減輕壓力

【第 1 組】	【第 2 組】	【第 3 組】
用牙齒咬住筷子的一頭，嘴唇不碰觸到筷子	用牙齒把筷子橫著咬住，嘴唇不碰觸到筷子	咬住筷子的一頭
‖	‖	‖
微笑的嘴型	嘴角上揚，大笑的嘴型	不笑的嘴型

結果發現，第2組受試者的壓力和心率是全部人裡面最低的。

　　此外，曼海姆大學的史特拉克等人也透過同樣的實驗發現，**同一本漫畫，被要求裝出笑容的受試者，讀起來會覺得比較好笑。**

　　可是也有研究指出，違背自己的心情裝出笑容，反而會導致情緒更低落（請參閱 136 頁）。也就是說，情緒上的假笑只會得到反效果。不過如果只是生活上的一些小事情，只要裝出笑容，就會感覺壓力獲得紓解。

　　加州大學的奧特海迪等人也透過 fMRI 的研究得知，**笑容會刺激對方大腦的獎賞系統（reward system）產生作用。**也就是說，裝出笑容除了能讓自己開心，對方看了也會開心。

科學證實笑容會讓自己和對方感到開心

我正在笑，所以我應該很開心

觀察

感覺好開心

獎賞系統

利用「裝出笑容」的科學作用，
打造充滿善意的環境。

營造適度嘈雜的工作環境

效果：肥胖／焦躁／專注力／創造力

—伊利諾大學　梅塔等多位研究員的研究—

●噪音會使得壓力指數提升，讓人容易肥胖

　　過度嘈雜的環境會讓人心情焦躁，不僅如此，瑞典卡羅林斯卡醫學院的艾瑞克森等人的研究也指出，**住在太吵的地方還會導致發胖。**

　　這是一份以 5156 人為對象，針對噪音與肥胖之間關係的統計調查。調查發現，住在機場、鐵路、大型交通幹道附近的人，身體的體脂肪相對較高。若是單以女性的數據來看，**音量每增加 5 分貝，腰圍數字也會跟著增加 1.51 公分。**當然，這個數字是因人而異。

●噪音會刺激壓力荷爾蒙增加分泌，影響額葉功能

　　噪音會對人體造成壓力，促使皮質醇分泌，也就是所謂的壓力荷爾蒙。皮質醇增加會促進食慾，也會影響到睡眠品質，人當然就會容易變胖。

　　平時為了轉換心情，到一些像是 Live House 或是電影院等音量非常大的空間，當然沒什麼問題。但是，如果聲音大到讓人感覺是噪音，就要小心了。

　　研究也發現，**皮質醇過度分泌，會影響到大腦額葉的功能，包括規劃能力、做決定、邏輯分析等。**這就是為什麼太吵會讓人無法專心的原因。

●適度的雜音能刺激創造力

　　相反的，也有一些研究指出，人在意識到大量雜音的時候，意味著大腦正在處理非常龐大的情報量，所以反而能提升創造力。

　　根據伊利諾大學的梅塔等人的研究顯示，對於一些需要創意的工作而言，比起相對安靜的環境（50 分貝），適度的環境音（70 分貝）像是咖啡廳等場所，更能提高受試者的工作表現。

　　但是，接近噪音的雜音（85 分貝）就會影響到工作表現。也就是說，介於雜音和噪音之間的環境音，才是讓人提升創造力，又不至於形成壓力的聲音範圍。

找出適合自己的「環境音」範圍

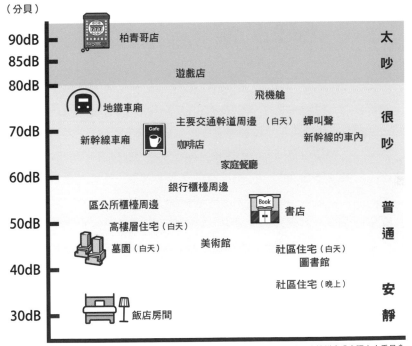

（分貝）

90dB	柏青哥店	**太**
85dB		**吵**
80dB	遊戲店	
	飛機艙	
	地鐵車廂　　主要交通幹道周邊 （白天）　蟬叫聲	**很**
70dB	新幹線車廂　咖啡店　　　　　　　　新幹線的車內	**吵**
	家庭餐廳	
60dB	銀行櫃檯周邊	
	區公所櫃檯周邊　　　　　　　　　書店	**普**
50dB	高樓層住宅（白天）	**通**
	墓園（白天）　　美術館	
	社區住宅（白天）	
40dB	圖書館	
	社區住宅（晚上）	**安**
30dB	飯店房間	**靜**

出處：全國環境研究協議會噪音調查小委員會

> 如果感覺被工作壓得喘不過氣，
> 就找間適度嘈雜的咖啡店，換個地方做事吧。

先開始就對了！

效果：幹勁

—波士頓大學的薩繆爾森與哈佛大學的澤克豪瑟的共同研究—

●做事情提不起勁的科學原因

人的行動可以分成「開始」、「持續中」和「結束」三個階段，**其中最讓人提不起勁、感覺最煩的，是「開始」的階段。**

簡單來說就是缺乏「幹勁」。這種情況的背後原因，是一種稱為「安於現狀的偏誤」（status quo bias）。這是由波士頓大學的薩繆爾森及哈佛大學的澤克豪瑟共同提出的論點。

只要現有的狀況沒有任何問題，人通常會偏好維持現狀。**一旦要開始行動，就意味著會失去「安穩的現狀」，所以一般人的反應會認為這對自己是一種損失和成本，因此會想辦法逃避。**

新的刺激雖然能夠活化大腦，讓人躍躍欲試，可是諷刺的是，在心理機制的作祟下，卻會讓人下意識地選擇逃避新事物。

●大腦的「幹勁開關」

然而，根據東京大學的池谷教授的研究，人一旦開始行動，大腦就會全神貫注。

人類的大腦有個作用類似於「幹勁開關」的部位，叫做「伏隔核」（nucleus accumbens）。人只要開始動起來，伏隔核便會開始作用。

舉例來說，相信大家都有這種經驗，一旦開始打掃就停不下來，原本只是想簡單掃個地而已，最後卻把整個家打掃得一塵不染。

一旦開始做，就會做得比開始之前想的還要徹底。這就是大腦的作用。

●開啟「幹勁開關」的神奇咒語

　　只不過，人難免還是會有提不起勁的時候。為了因應這種時候，大家可以事先準備一句讓自己提起幹勁的咒語。

　　一句只有自己知道、用來提振精神的咒語（例如「如果說等一下再做，我就是笨蛋！」等），就能輕易達到轉換心情的效果。

　　下回如果覺得「不想動～」「好麻煩，不想工作～」的時候，就能透過這獨創的咒語來啟動大腦的幹勁的開關。

開啟大腦中「幹勁的開關」的方法

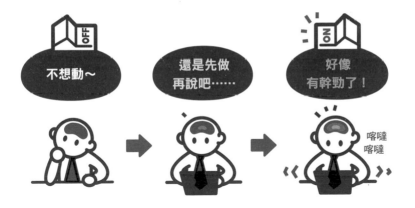

不想動～

還是先做再說吧……

好像有幹勁了！

喀噠喀噠

就算不想動或是覺得麻煩，還是先開始動手再說吧。
為自己準備一句能啟動幹勁開關的咒語。

挺直背脊

效果：沒精神／不安

—哈佛大學　柯蒂等多位研究員的研究—

●駝背容易讓人感覺沒精神和壓力

很多現代人無論是走路或是坐著，眼睛無時無刻都盯著手機不放。這種行為不只造成身體姿勢的歪曲，研究也證實，對心理層面會帶來負面影響。

根據卡加利大學的李斯凱特和德州農工大學的高蒂的研究指出，**駝背會讓人容易感受到壓力，而且沒有精神**。也有研究觀察顯示，憂鬱症患者幾乎都有駝背的情形。

低著頭走路，或者是邊走路邊滑手機，背部都不是挺直的狀態，可能會給心理帶來負面影響。

●挺直坐好，自我評價也會跟著提高

馬德里自治大學的布里諾等人的研究找來 71 名大學生，分成兩組，一組挺直坐下，另一組駝背坐下，接著請他們各自做出自我評價。

結果發現，**挺直背部的受試者大多會給自己正面的評價，對自己的想法充滿自信，對將來也抱持正面的態度**。

●挺直背部有助於減少壓力荷爾蒙

不僅如此，在哈佛大學的柯蒂等人針對「姿勢」的研究當中，受試者被分成「①姿勢挺直」和「②姿勢駝背」兩組去賭博。

結果顯示，「①姿勢挺直」的受試者比較願意承擔高風險的賭注。

再進一步分析兩組受試者的唾液後發現，「①姿勢挺直」受試者的唾液中，「睪固酮」增加的濃度明顯比另一組的人來得多，而睪固酮正是一種跟果斷力、積極度、攻擊性、好勝心等有密切關係的荷爾蒙。

也就是說，**只要端正姿勢，身體挺直，就會感覺自己充滿挑戰精神，隨時都能應戰**，相當神奇。

除此之外研究也發現，「①姿勢挺直」的受試者，體內的壓力荷爾蒙「皮質醇」濃度也降低了。

姿勢挺直的人，跟總是彎腰駝背的人，給人的印象感覺截然不同。

身體挺直不僅給人較好的印象，還能增加自信，減輕壓力，可以說是一舉數得，所以大家一定要隨時抬頭挺胸，注意自己的姿勢。

挺胸跟駝背的差異

駝背

沒精神
消極
看起來沒自信

皮質醇濃度增加 ↗

挺胸

有幹勁
積極
有行動力
看起來有自信

睪固酮濃度增加 ↗

隨時注意自己的姿勢，養成抬頭挺胸的習慣。

自己做決定

效果：責任感／成就感／幸福感

—神戶大學　西村等多位研究員的研究—

● 比起收入和學歷，自我決定更能給自己帶來幸福

做決定的時候，如果有人在旁邊七嘴八舌地給意見，相信很多人都會覺得很煩。

神戶大學的西村和同志社大學的八木，針對 2 萬名日本人進行問卷調查，結果顯示，「比起收入和學歷，『自己做決定』能帶來更大的幸福感。」這份問卷是以 20 ～ 69 歲的日本人為對象，不分男女，針對收入、學歷、自我決定、健康、人際關係等五個項目與幸福感之間的關係進行分析。

結果發現，**影響幸福感的程度依序是「健康＞人際關係＞自我決定＞收入＞學歷」**。

這份結果也顯示，年收入 1100 萬日圓是一個極限，也就是說，當賺錢賺到某一個程度之後，幸福感就已經不再是用金錢能得到的東西。

● 人天生就希望能自己做決定

決定自己方向的人，通常會不惜努力去追求成果，而且比較有責任感，對自己感到自豪和驕傲，一旦達成目標，也會感受到比一般人更大的幸福感。

心理學上有個現象叫做「心理抗拒」（psychological reactance）。人天生都會想為自己的行動和選擇做決定，可是如果受到剝奪或是強迫，就算是對自己有利，下意識都會做出反抗的舉動，以奪回自己做決定的權利。

為了避免出現這種心理抗拒的現象，大家最好還是盡量依照自己的想法來決定自己的行為。

　　煮飯的時候，如果旁邊一直有人下指導棋，例如「是不是要再加點鹽巴和胡椒？」「這是不是燙過頭了？」等，有些人會選擇乾脆不煮了（奪回「不煮」的自由決定權）。

　　相反的，如果是自己愛怎麼煮就怎麼煮，就算最後煮出來的味道不對，還是會有成就感和滿足，對自己的廚藝充滿信心。因此，為了不讓自己感到壓力而產生心理抗拒，最重要的關鍵就是自己做決定。

不斷為自己做決定的人愈幸福

幸福程度

決定
自己的
方向

做自己
想做的事

自己
決定
買什麼衣服

選擇
吃什麼

決定
去哪裡

選擇
自己喜歡
的東西

想要得到人生的幸福感和滿足，
就不要詢問他人的意見，為自己做決定吧。

把時鐘的指針調快

效果：焦慮／專注力

—東京大學　伴等多位研究員的研究—

●工作效率差的時候，不妨把時鐘的運針速度調快

工作效率差的時候，會開始莫名地感到焦慮，壓力愈來愈大。相信大家應該經常有這種經驗。

有個方法可以神奇地輕輕鬆鬆就改變這種情況。

東京大學的伴等人曾經做過一項非常有趣的研究：「**將時鐘的運針速度調快，工作無論在質和量上，效率都會變得更好**」。

所謂運針就是指針的速度。也就是說，工作效率差的時候，可以試著把秒針、分針和時針等指針的速度調快。

在實驗當中，研究人員設定了下列 3 個不同的條件狀況，找來 6 名年齡介於 21 ～ 24 歲，打字不用看鍵盤的受試者，每天在不同的條件狀況下打字 30 分鐘。

條件 1　將時鐘的運針速度調慢 2/3 倍
條件 2　時鐘的運針速度不變
條件 3　將時鐘的運針速度調快 1.5 倍

結果發現，時鐘的運針速度和打字的速度呈現對比的關係。也就是說，字數由多到少依序為：

條件 3 ＞ 條件 2 ＞ 條件 1

以工作的量來說，各自的差距大約是 8%（約 400 字）。至於在質方面，則沒有太大的差異。

●就算知道時間比較快,也有提升工作效率的作用!

　　研究也發現,不管事先是不是知道運針速度有改變,對工作效率的影響都不大,也不會因此感覺比較累或是比較輕鬆。

　　不過是改變時鐘的運針速度,就能提高工作效率,而且還不會影響到成果的品質,聽起來實在讓人心動。

　　感興趣的人一定要試試看,把時鐘的運針速度調快,迅速完成工作,多出來的時間就拿來做一些紓解壓力的活動吧。

利用時鐘的運針速度來加快工作速度

　　① 速度調成 $\frac{2}{3}$ 倍　　② 速度保持不變　　③ 速度調成1.5倍

運針速度

工作效率

變 慢 ＜ 普 通 ＜ 變 快

想減少加班,保留更多自己的時間,
把時鐘的運針速度調快也是一種方法。

做些奇怪的動作

效果：活力／幹勁

—舊金山州立大學　佩珀等多位研究員的研究—

●用奇怪的方式走路能讓人提起精神！

舊金山州立大學的佩珀等人研究發現，心情低落的時候，只要做一些奇怪的動作，心情就會開心起來。

這項研究將 110 個大學生分成兩組，一組「用彎腰駝背、無精打采的樣子走路」，另一組「用同手同腳、奇怪的方式走路」，結束之後再請受試者針對自己走路時的活力程度（幸福感或是絕望感，想起開心或是難過的記憶等）打分數。結果顯示，**做出奇怪動作的組別，活力程度大幅提升。**

相反的，做出無精打采的樣子的另一組，即便是在實驗前的調查中充滿活力的人，做完動作之後，整個人都變得完全沒有精神。由此可知，做開心的動作會讓人變得更有活力，反之，垂頭喪氣的動作則會讓人活力下降。

●大腦會因為身體的動作而誤以為開心

腦科學家和心理學家都知道，大腦會因為身體的動作產生意識。**人的大腦被包覆在頭蓋骨底下，就像一個伸手不見五指的密室，只能仰賴身體各個器官所傳送的情報來做出判斷。**

在 48 頁的內容中提到，裝出笑容會讓大腦誤以為「自己現在很開心」。同樣的，做出奇怪的動作也會讓大腦誤以為「自己現在開心到手舞足蹈」，於是心情真的變好。

●心跳加快，心情也會跟著變好

　　佩珀等人進一步分析指出，變得更有精神的生理原因之一，就是做這些奇怪動作的時候，心跳會加快。某些有提高心率作用的動作，甚至會被用來當成改善憂鬱症狀的方法。

　　順帶一提的是，赫爾大學的坎皮恩和雪菲爾大學的拉維特共同研究發現，跳舞5分鐘會讓人心情變得更積極，負面情緒減少，有消除疲勞的效果。

　　心情低落的時候，乾脆起來動一動，用奇怪的動作舞動一下身體，提振一下精神吧。

大腦會根據身體的動作判斷自己的狀態

我開心到做出這麼奇怪的動作呢！

這種無精打采的樣子，連動都不想動……

提不起勁的時候，
就用一些奇怪的身體動作來暗示大腦吧。

自言自語

效果：不安／衝動／自我控制

—多倫多大學　杜利特和因茲李克特的研究—

● 「自言自語」能控制衝動

多倫多大學的杜利特和因茲李克特的研究證實，感覺不安、焦慮的時候，**「自言自語」能幫助控制自己。**

在這項實驗當中，37 名學生被要求看到特定顏色的圖案時就要按下按鈕。實驗將這 37 人分成以下 2 組。

第 1 組 一面看圖片，一面在心裡自言自語

第 2 組 一面看圖片，一面用非慣用手不斷畫圈圈，以控制自己無法自言自語

在測驗過程中，研究人員刻意穿插了一些錯誤顏色的圖片來增加不小心按錯按鈕的機率。換言之，這項測驗的目的，是為了測試受試者能否控制想按下按鈕的衝動。

結果，第 1 組 自言自語的受試者，成績比 第 2 組 高出約 30%。

因此可以證實，在心裡自言自語，也就是「以自問自答的方式說出自己的行動」，能有效降低衝動之下容易犯錯的機率。換言之，就是自我控制能力變好的意思。

● 問自己「我辦得到嗎？」比「我辦得到！」更有效

伊利諾大學香檳分校的塞納的研究也指出，**在開始做一件事情的時候，與其打起精神告訴自己「要開始嘍！」，不如問自己「我辦得到嗎？」，更能得到好的結果。**

實驗要求 53 名受試者從隨機排列的字母當中，拼出十個不同的單字。

在測驗進行之前，被分成兩組的受試者，必須各自在字條上寫下「I Will」和「Will I」，並且自問自答。

結果顯示，寫下「**Will I**」的人，答題正確率比另一組高出約 **7 成**，答題的意願也比較高。

除了「I Will」和「Will I」的說法之外，研究人員另外也用了「I」（拿掉表示「意志」的 Will，只留下 I）和「Will」（拿掉主詞「我」）的說法進行來測驗，結果發現，只有疑問形式的「Will I」明顯能得到正面的結果。換言之，在面對目標的時候，很重要的一點就是：用提問的方式跟自己對話。

發揮理性必須要靠語言的力量。與其沒有計畫就貿然行動，不如針對自己想做的事情或是想說的話，在大腦裡自問自答，如此可以幫助自己放下不安，冷靜下來。

控制自己的「自問自答法」

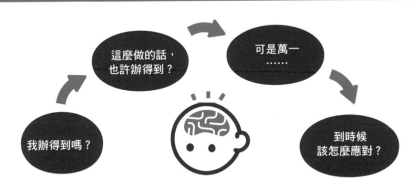

面對目標時，與其打起精神告訴自己「要開始嘍！」，
問自己「我辦得到嗎？」，更能得到好的結果。

25 善用「把自己當成目標的偏誤」

效果：不安／擔心

―凱尼恩學院　費內格斯騰的研究―

●人為什麼會懷疑自己？

明明沒有被罵，卻覺得好像被罵一樣感到擔心害怕、有壓力。

這就是所謂的「自我意識過剩」或是「被害妄想」的心理，造成這種心理的原因，是一種「把自己當成目標的偏誤」。

●把自己當成目標的偏誤

凱尼恩學院的費內格斯騰以一個班級 50 名學生為對象進行了一項實驗，證實人有「把自己當成目標的偏誤」。

實驗方式是請導師在發還考卷給學生之前，先向全班宣布：「這次全班都考得很好，只有一個人考不好。」

50 個人當中只有 1 個人考不好，等於每個人考不好的機率只有 1/50，相當於 2%。可是，實際上卻有 20% 的學生會擔心「那個人該不會就是自己？」。

同樣的情況下，覺得「該不會是旁邊的同學？」的人數，卻只有 8%。

也就是說，比起懷疑別人，大多數的人都會懷疑自己。

●莫名地覺得自己被選中的機率特別高

當然，也有可能是因為知道自己或是旁邊同學的成績，所以才懷疑自己。

於是，費內格斯騰把全班學生分成 8 個人一組，並且宣布要從每一組當中選出一個人上台報告。這時候他問全班學生：「你覺得誰會被選中？」

結果，回答自己會（或是可能）被選中的人，遠比覺得別人會被選中的人要來得多。

●懷疑「說不定是在說我」是件好事

說不定是在說我……

會有這種想法，很大的原因是因為陷入「把自己當成目標的偏誤」，所以其實不必過於擔心害怕。

以心理學的角度來說，「把自己當成目標的偏誤」，反而是一種自我防衛的本能。也就是說，這種「不好的事情會發生在自己身上」的懷疑，會促使自己做好自我保護的準備。

這反而比較有利於在生存競爭中存活下來。

所以大可不必害怕陷入這種「把自己當成目標的偏誤」，不如想想能怎麼「善用」它來促使自己採取行動吧。

把自己當成目標的偏誤

覺得自己的機率特別高

> 覺得不好的事情會發生在自己身上……
> 這全都是偏誤在作祟，為了以防萬一，先想好應對方法就不怕了。

不說負面的話

效果：注意力／專注力／創造力／健康

—東芬蘭大學　涅沃尼等多位研究員的研究—

●說別人等於說自己

大家是不是也有這種經驗？突然覺得自己脾氣變得容易暴躁，動不動就覺得壓力大，仔細想想才發現，不知道從什麼時候開始，自己已經變成一個充滿負面想法、習慣用負面態度看待事情的人⋯⋯

有一個說法是：「大腦沒辦法分辨主詞」。例如，當自己罵別人「你這笨蛋！」的時候，大腦會以為「自己是笨蛋」。

如果真的是這樣的話，用負面的語言說別人，自己很可能也會受到相當於被人用負面語言對待的傷害。

●說話負面的人，失智的風險比一般人高出 3 倍

根據東芬蘭大學的涅沃尼等人的研究，「說話經常貶低、瞧不起他人、批評他人的人，失智的風險會比一般人高出 3 倍。」

這項研究雖然是以高齡的年長者為對象，不過根據調查，如果從年輕時就習慣用罵人或難聽的語言說話，「愈是性格扭曲的人，將來失智的風險愈高。」

●負面思考是浪費大腦能量的行為

大阪大學的苧坂等人也透過腦科學實驗證實，負面的情緒會導致注意力低落。

當出現負面情緒的時候，大腦會想盡辦法要讓情緒恢復成正面，於是便會消耗過多的能量。

　　結果造成大腦能量不足以提供給注意力，導致注意力變差，當然就會影響到工作和念書，並且衍生出不必要的壓力。

●負面思維是一種詛咒的思維

　　南加州大學的波拉斯和佛羅里達大學的艾瑞斯，同樣也針對粗暴言語對他人的影響做了研究。

　　結果發現，被以粗暴言語對待的人，處理能力竟然降低了 61%，創造力也明顯下降 58%。不只這樣，就算只是自己所屬的團體被粗暴對待，也會造成個人的處理能力下降 33%，創造力下降 39%。

　　甚至就連只是在一旁觀看的人，處理能力同樣減少了 25%，創造力下降 45%。

　　由此可知，帶有暴力、批評的語言，對大腦和心理造成的負面影響，遠遠超乎想像。

　　負面思維不只會影響自己，也會給他人帶來傷害，簡直就是一種詛咒的思維。

●事先想好當負面想法出現時的因應對策

　　容易負面思考的人，一定要謹記上述的實驗結果，盡量避免不必要的負面想法產生。

　　例如利用大腦無法分辨主詞的特性，刻意常說正面的語言。多說正面的話能夠帶來不可計量的正面效果，這一點在後面的內容中會有詳細說明。

　　另外，也要事先想好當負面思維出現時，自己該如何應對。關於這一點，可以使用前面 36 頁介紹過的「若則計畫法」，效果非常好。

**容易有負面想法的人，
要事先準備好負面思維出現時的因應對策，並且徹底執行。**

別被確認偏誤給騙了

效果：偏見／執著

―倫敦大學學院　華生的研究―

●日常生活中常見的確認偏誤陷阱

人類經常會用一種偏頗的方式去看待事物，就是「只看得見符合自己的意見和價值觀的情報」。

這種偏誤就像一種過濾裝置，只要討厭哪個人，就會從關於那個人的各種行為和情報當中，挑選「他應該不是好人」的情報來證明自己的想法。

而且會不斷地這麼做。

一旦出現這種心理狀態，就會掉入「確認偏誤」的陷阱，導致自己完全認定「他就是個壞蛋」，而忽略了對方好的一面。

這種「確認偏誤」的現象，在我們平時接收各種情報的時候，一定要非常小心地加以提防才行。

「確認偏誤」會讓人用偏頗的方式看待事物，導致討厭的人愈看愈討厭，討厭的事情愈來愈無法接受，所以千萬要小心別被騙了。

●多方觀察是避免確認偏誤的最好方法

關於確認偏誤，有個相當知名的實驗，就是倫敦大學學院的華生所進行的研究。

首先，華生表演了一個魔術給受試者看，從寫有數字的卡片，猜出卡片背後顏色。接著，他請受試者思考這個魔術運用了什麼手法。

其實魔術的手法很簡單，可是儘管如此，受試者卻因為堅信自己認定的手法，導致最後只有 2 成的人答對。

這就是確認偏誤所引發的結果，也就是說，受試者只會看見符合自己所想的手法的情報。

確認偏誤是人類大腦的一種思維陷阱，這一點大家一定要有所認知，尤其要小心千萬別讓自己因此陷入了惡性循環。

　　否則很可能就會像 114 頁介紹的「沉沒成本」一樣，等到發現的時候，傷害已經嚴重到無法收拾。

　　面對任何人事物，要學習用俯瞰等各種角度去觀察和瞭解，包括好的一面，這麼一來就不會再掉入確認偏誤的陷阱中。

　　而且，漸漸地你也會發現周遭的世界變得不一樣了。

確認偏誤

只看得見討厭的地方

⬇

一切都是確認偏誤在作祟

用不同角度觀察事物，
隨時注意自己是不是有所偏見，被確認偏誤給騙了。

模仿欣賞的對象

效果：恢復自信／果斷力

—南丹麥大學　安納利提斯等多位研究員的研究—

●跟著欣賞的對象做選擇，有助於提升效率

對自己的決定沒有信心，所以感到膽怯、不安。相信很多人都是這樣吧。

如果沒有自信，就跟有自信的人學習吧。事實上，就連這種小事，背後也是有科學根據。

南丹麥大學的安納利提斯以 14000 人為對象進行調查，結果發現在「跟著自己欣賞的對象做選擇」和「跟著多數人做選擇」兩者之間，前者更有助於提升效率。

不過研究也顯示，如果是自己缺乏經驗的事情，「跟著多數人做選擇」也能得到正面的結果。

也就是說，假使對自己沒有信心，可以找一個值得信賴的對象，例如公司主管或是同事、親友等，**想想「換作是那個人會怎麼做？」，跟著對方的決定去做，通常都能得到好的結果。**

●模仿是最厲害的致勝策略

日文的商業用語中有個說法叫做「TTP」（徹底的にパクる），這是商場上的成功法則之一，指的是「完全抄襲」的意思，也可以解釋為「模仿為創新之母」。

確實，許多成功的商業模式一開始都是模仿，後來才慢慢發展出新的面貌。產業也好，藝術也好，都有一段從模仿開始的歷史。

●有效提升自信的方法

　　就連一般人也常會透過網路評價和分享來尋找中意的店家和商品，實際體驗過之後覺得滿意，才會成為常客。

　　也就是說，藉由他人的經驗來找到自己喜歡的事物，已經是常見的現象。

　　既然如此，同樣的道理，**藉由「跟著欣賞的對象做選擇」來提升自己的信心**，也就不是什麼大驚小怪的方法了。

　　利用這種方法，做選擇的人，就不是「沒有自信」的自己，而是「模仿自己信賴的對象」的自己。只要這麼想的話，是不是就覺得有信心了呢？

　　如果對自己沒有信心，不妨就先從模仿值得尊敬的某個人開始吧。

跟著自己欣賞、尊敬的對象做選擇

如果對自己沒有信心，
就跟著自己欣賞或是崇拜、尊敬的對象做選擇吧。

人是會思考的蘆葦，卻因為想太多而有了壓力

「人是會思考的蘆葦」

這是哲學家帕斯卡相當有名的一句話，意思是人類不過是大自然裡的一根蘆葦，卻因為有著思考的能力而變得偉大。思考，也是人之所以為人的關鍵。

可見思考的重要性。只不過，想太多也是一個問題，這幾乎可以說是現代人的通病。因為想太多，所以人會犯錯，無法果斷做決定，猶豫不決，甚至導致心病。

要避免想太多，一定要先為自己訂下方法，就像 36 頁介紹過的「若則計畫法」，事先想好遇到什麼情況該該怎麼做，就不會想太多了。

舉例來說，在餐廳點菜的時候，如果選擇太多，無法決定，可以請主廚推薦。提不起勁的時候，別再想著要找出自己拖拖拉拉的原因，而是告訴自己「如果說等一下再做，我就是笨蛋！」，總之先動起來就對了。或者，把每天要做的事情全部變成一套固定的流程，這麼一來該做的事情就會自動去做，不做反而會覺得渾身不對勁。

比起做過的事情，人對於沒有做的事情會更在意、更後悔。所以寧願做了之後再後悔，也不要後悔沒有做。找出一個能讓自己別想太多，先做了再說的方法，才是多少減輕一些生活壓力最好的辦法。

CHAPTER

3

【午休時間】
提升動力和幹勁
的科學方法

29-39

午休時間

29

別餓過頭

效果：焦躁／暴怒

—俄亥俄州立大學　布希曼等多位研究員的研究—

●「巫毒娃娃實驗」證實人餓太久會變得更暴躁

研究證實，**餓肚子會對許多跟情緒有關的荷爾蒙及自律神經等組織造成刺激。**

俄亥俄州立大學的布希曼等人做了一項有趣的實驗，證實「餓肚子的時間愈長，人會愈顯得暴躁」。

這項實驗的對象是 107 對夫妻，一共為期 21 天，在這段時間內，只要夫妻吵架，就可以在放置枕頭邊、代表對方的巫毒娃娃插上 0 ～ 51 根針。結果發現，在血糖愈低的時候，巫毒娃娃身上的針就愈多。

血糖太低會感覺肚子餓，全身無力，無法思考。肚子愈餓，就沒有力氣控制自己，針當然就會愈插愈多。

●肚子餓會導致血清素減少

肚子餓的時候，體內的血清素濃度會減少。**血清素是一種跟穩定情緒有密切關係的荷爾蒙，一般又稱為幸福荷爾蒙。**血清素一旦濃度不足，就容易引發憂鬱症和失眠等精神疾病，所以醫生都會提醒大家**千萬別餓肚子，以免血清素不足**。

●餓肚子對情緒和行為的影響

同樣的，北卡羅萊納大學教堂山分校的麥科馬克和林奎斯特也針對「餓肚子會對情緒造成何種影響？背後的原因為何？」做了研究。

在沒有告知實驗內容的前提下，他們找來 118 名 5 個小時以上沒吃東西的大學生，以及來接受測驗之前先吃過東西的 118 名大學生。

每組中一半的人被要求寫下跟自我情緒有關的文章，另一半的人則是記錄某個沒有情緒起伏、比較中立的日子。

　　接著，受試者被要求將花了好久時間辛苦寫出來的文章輸入電腦，在檔案即將完成的時候，電腦的電源突然被切斷，隨後研究人員便出現，將這一切責任歸咎於受試者。

　　最後，研究人員以問卷的方式，詢問受試者對這一連串過程的感受。結果發現，每個受試者都出現情緒，可是唯獨餓著肚子、寫下比較中立文章的學生會毫不隱藏地表現自己的憤怒。

　　這個實驗告訴我們，如果不想讓自己情緒暴躁，記得要乖乖按時吃飯，別讓肚子餓著了。雖然這只是一件小事，最好還是要謹記在心。

餓肚子會讓人的攻擊性變強

肚子餓的時候

血清素濃度降低

增加攻擊性

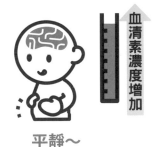

吃飽的時候

血清素濃度增加

平靜～

如果不想增加壓力，
肚子餓了就記得要吃東西。

輕敲額頭

效果：防止過食／不安

—紐約市聖路加醫院　威爾等多位研究員的研究—

●在額頭輕輕敲幾下，就能防止暴飲暴食！

壓力大的時候，經常一不小心就會暴飲暴食。因此有個相當有趣的研究指出，在壓力大的時候，<u>只要在額頭輕輕敲幾下，馬上就能降低食慾。</u>

這是紐約市聖路加醫院的威爾等人所做的研究，他們為了找出能降低肥胖者對喜愛的食物的欲望，於是針對以下四種方法進行了實驗和比較。

> 方法 1 用手指敲自己的額頭 30 秒，重複動作 4 次
> 方法 2 用手指敲自己的耳朵 30 秒，重複動作 4 次
> 方法 3 用腳趾敲打地板 30 秒，重複動作 4 次
> 方法 4 盯著空白的牆壁看 30 秒，重複動作 4 次

結果發現，這四種方法隨著重複不停地做，都有抑制食慾的效果。其中 方法 1 敲額頭的動作，效果最好，<u>受試者的食慾減少了將近三分之二。</u>

●敲額頭對消除緊張不安、PTSD 和憂鬱症都有效果

這個敲擊的動作，其實是一種釋放壓力的方法，叫做 EFT（Emotional Freedom Technique）。除了敲打額頭以外，還包括眉毛、眼角、眼下、下巴、鎖骨等部位。關於它的效果，目前許多研究都還在證實當中。

以色列本古里安大學的克倫特，在 2016 年針對過去所有跟 EFT 相關的研究進行統合分析（將多個研究結果整合在一起進行分析），最後得出一個結論：<u>EFT 能有效消除緊張不安的心情。</u>也有其他的統合分析結果指出，對於 PTSD（posttraumatic stress disorder，創傷後壓力症候群）和憂鬱症同

樣具有緩解的效果。

　　哪天如果感覺心情有點緊張不安，或是正在減重中，不妨敲一敲自己的額頭和眉毛等部位，趕走不安的心情和食慾吧。

輕敲額頭的方法

**用指腹
輕輕地敲**

**想吃東西的衝動
瞬間消失不見！**

感覺緊張不安，或者是忍不住想吃東西的時候，
就輕輕敲幾下額頭，控制不安的情緒和食慾。

31 自拍

效果：焦慮／不安／感謝／思慮周全

—加州大學爾灣分校　陳等多位研究員的研究—

●自拍會讓人的想法變得更積極！

對自己沒有自信的人，如果善用手機的拍照功能，也許能讓自己變得煥然一新也說不定。

加州大學爾灣分校的陳等人曾經做了一項關於「自拍的習慣會讓人的想法變得樂觀積極」的研究。

實驗對象一共 41 人，為期 4 個星期的時間，受試者必須以下列 3 個主題之一，每天拍一張照片。

主題 1 帶著笑容的自拍照
主題 2 自己看了會開心的照片
主題 3 他人看了會開心的照片

結果發現，經過 4 個星期之後，<u>每天拍攝 主題 1 微笑自拍照的人，在心理健康上所獲得的效果最顯著。</u>

●持續拍攝正向主題的照片所帶來的效果

這個實驗有趣的地方在於，拍攝其他兩個主題的受試者，也都看得到效果。每天拍攝 主題 2 的人，經過 3 個星期之後，不僅思慮變得比以前更周全，對小事情也會開始抱著感謝的心情。

另外，每天拍攝 主題 3 的人，是 3 組當中在人際關係上的壓力減輕最多的人，而且變得比較不容易焦躁不安。

這應該是因為他們每天持續做的都是有利於他人的行為，因此變成一個懂得關心他人的人。

現在的手機功能五花八門，只要懂得善用拍照功能，手機也能成為帶給自己開心的工具。

●將照片上傳至社群媒體，可能導致反效果

順帶一提的是，將照片上傳至社群媒體是一種希望得到別人肯定的行為，所以又另當別論。有研究顯示，社群媒體倘若使用不當，有時候反而會衍生出各種煩惱和壓力。

所以，自拍還是以自己為出發點就好。<u>培養自拍的習慣，讓自己成為一個樂觀的人。如果想成為一個思慮周全、懂得關心他人的人，可以持續拍攝一些自己看了會開心的照片。如果想減輕人際關係的壓力，就盡量拍一些大家看了會開心的照片。</u>根據自己想要的目的，聰明地使用手機就行了。

手機的拍照功能也能成為帶來幸福的工具

想讓 自己開心	想成為 思慮周全的人	想減輕 人際關係的壓力

自拍	**拍攝自己 喜歡的照片**	**拍攝給他人 看的照片**

想要減輕壓力，
可以試著用開心的心情拍攝照片。

不知道怎麼辦的時候，就丟銅板來決定吧

效果：迷惘／果斷力

—芝加哥大學　李維特的研究—

●做決定是一件有壓力的事情

「這幾件襯衫都很好看，該買哪一件才好？」

「兩家餐廳的氣氛都不錯，到底要預約哪一家？」

這些也許不是什麼大不了的選擇，不過**「做決定」這件事，意外地可是會帶來壓力的呢**。而且，如果對最後做出的選擇存有疑慮，後續還會衍生出很大的壓力。

●依照丟銅板的結果去做之後，變得更幸福快樂了！

如果想要減輕這種「不知道該怎麼選擇」的壓力，有一個很好的方法推薦給大家。

芝加哥大學的李維特為了研究「無法自己做決定的人，面對人生重大決定的時候，該怎麼辦？」，特地架了一個可以讓人「丟銅板」的網站。

網站的架構相當簡單，大家可以在上面輸入自己無法做決定的事情，然後丟出螢幕中的銅板。結果如果是正面，螢幕上就會出現「去做」的訊息，如果是反面就是「不要做」。

李維特花了一年的時間收集了 4000 個人的煩惱，接著他對這些在網站上丟過銅板的人進行追蹤調查，想知道「丟銅板為他們的人生帶來什麼樣的變化」。

網站上最常出現的煩惱是「我應該辭掉現在的工作嗎？」，接著是「我應該離婚嗎？」。

這些都是相當嚴肅的問題，讓人不禁懷疑真的可以靠丟銅板來決定嗎？可是調查發現，有 **63%** 的人最後真的依照丟銅板的結果去做了。

不僅如此，**不管結果是正面還是反面，這些為了解決煩惱而採取行動的人，經過半年之後，都變得更幸福快樂了。**

在行為和想法互相矛盾的時候，人在過度追求一致性的情況下，很容易會出現「認知失調」的現象。

之所以會對自己做決定感覺有壓力，是因為擔心自己無法接受最後的判斷選擇。

既然如此，偶爾就交給丟銅板來決定，告訴自己「這是銅板決定出來的結果」，這麼一來自然不會產生不必要的壓力，也能坦然接受最後的結果。

「丟銅板決定」的作法

應該這麼做嗎？
還是不要做？

正面

決定去做！

用這種方法
就不會煩惱了

如果想破頭還是決定不了，
乾脆交給「丟銅板」來決定吧。

看喜劇片

效果：注意力／專注力／生產力

—華威大學　奧斯瓦德等多位研究員的研究—

●看完喜劇再工作，效率變好了！

工作壓力大、心情低落的時候，就算勉強繼續工作，事情也不會有任何進展。像這種時候，不妨先停下手邊的工作，利用手機看點喜劇片吧。

華威大學的奧斯瓦德等人的研究顯示：「**帶著開心的心情工作，效率會增加約 12%。**」

這個實驗是以 713 名受試者為對象，內容只是一些簡單的計算測驗，不過所有人會被分成下列 4 組。

第 1 組 測驗前先看喜劇片
第 2 組 測驗前先看喜劇片，並且拉長測驗的檢查時間
第 3 組 測驗中提供巧克力、水果等食物給受試者
第 4 組 測驗前先填問卷，內容是關於家裡最近發生令人難過的事

接著，每組當中有一半的人是直接接受測驗。也就是說，這 4 組各自又分成「A 執行條件設定」，以及「B 直接測驗」兩組，最後再比較兩組的生產力。

結果發現，在 第 1 組 當中，「A」組的人最後的測驗成績比較高。第 2 組 同樣也是「A」組透過看喜劇帶來歡樂的人，工作效率最好。

第 3 組 也是「A」組的工作效率比較好，可是 第 4 組 反而是「A」組的效率比較差。

情緒低落會造成注意力和專注力變差，這一點不難想像。此外大家也

都知道，吃甜食有提升專注力的效果。不過，在這個實驗中值得注意的是，不過只是看個喜劇片，竟然能提升 10 ～ 12% 的工作效率。

●喜劇能提升 3 倍的作業精準度

馬德蘭大學的艾瑟等人也做過類似的實驗，他們先讓受試者看喜劇和一般內容的影片，接著要求受試者將一根根的蠟燭黏接在軟木板上，時間為 10 分鐘。

結果發現，**先看過喜劇影片，帶著歡樂的心情接受測驗的受試者，測驗的準確度提高了將近 3 倍。**

現在拜串流媒體興盛所賜，大家隨時都能看一些開心的影片。既然如此，在開始要工作之前，或是利用休息的空檔時間，不如找些喜劇片來看，讓自己接下來能發揮最佳的工作效率。

休息時間看點開心的喜劇片，提升接下來的工作效率

工作的專注力變差時，
不妨看點喜劇短片來恢復專注力吧。

用腹式呼吸法呼吸

效果：慢性疲勞／恐慌／不安／緊張／疼痛

—哈佛大學　杜舍克等多位研究員的研究—

●深呼吸能緩和慢性壓力

疲勞長期累積、壓力來襲或是陷入恐慌的時候，做深呼吸能幫助自己冷靜、緩和下來。

實際上，呼吸法的功效確實有科學根據為證。

哈佛大學的杜舍克等人就曾經做了一項關於「放鬆反應」（Relaxation Response）的研究。

「放鬆反應」指的是利用心理的力量來克服壓力、疼痛和不安。冥想、呼吸法、瑜伽、太極拳等這一類專注在呼吸上的活動，都可以算是放鬆反應。

杜舍克等人的研究所要觀察的是，當受試者的心跳、血壓和呼吸，藉由這些放鬆反應達到緩和之後，原本內心的緊張和不安，是否也跟著減緩，變得比較安心了？

實驗找來 19 位平時就有習慣做「放鬆反應」活動的人，以及另外 19 個沒有這一類活動習慣的人。後者的 19 人會先接受 8 週關於「放鬆反應」活動的訓練，然後再比較前後的變化。

結果發現，**從事「放鬆反應」活動，對於身體的細胞代謝、活性氧的產生、慢性心理壓力等，都會造成影響，而且無論是短期進行或是長期的習慣，都能看見效果。**

換言之，除了原本就有這一類習慣的受試者，對於剛接觸的後者，在他們身上也能看見效果。

●只要做腹式呼吸，就能看見效果

說到冥想、呼吸法、瑜伽，大家也許會覺得麻煩。其實不必做這些，只要做深呼吸，就能看見效果。

呼吸法大致可分為「胸式呼吸」和「腹式呼吸」兩種,一般人平常都是用胸式呼吸來達到交感神經的作用。

人在疲勞、有壓力、憤怒的時候,呼吸會變得又淺又快,造成交感神經更加活躍。

相對的,腹式呼吸是在鼻子吸氣的同時將肚子鼓起來,吐氣的時候將肚子往內縮,呈現凹陷,這時候是副交感神經處於優位。

吸氣 2 秒,接著吐氣 2 ～ 6 秒。藉由這種腹式呼吸的方式,可以感覺到身心舒暢,徹底放鬆。這是日本東北大學的高橋和東北文化學園大學的佐藤等人透過研究證實的效果。

深呼吸不只是大口吸氣,真正的重點在於要做到腹式呼吸才行。定期做腹式呼吸,對於身體所承受的慢性壓力,肯定能達到緩和的功效。

「腹式呼吸」的方法

1 吸氣

用鼻子慢慢吸氣

邊吸氣邊將肚子鼓起來

身體挺直

2 吐氣

從嘴巴慢慢吐氣

邊吐氣邊將肚子往內縮

> 感覺疲勞、憤怒、不安的時候,
> 慢慢地做腹式呼吸來緩和壓力。

放空發呆

效果：創造力

—華盛頓大學　賴希勒等多位研究員的研究—

● 放空發呆能讓大腦提升 15 倍的效率！

工作忙不完，導致效率變差，壓力愈來愈大。如果你也是這樣，這裡有個方法要提供給你。這是華盛頓大學的賴希勒等人所做的研究：放空發呆可以使大腦的效率提升 15 倍，讓人更容易想到好點子。

這份研究比較了人在行動和放空時的大腦活動狀態，發現後者的大腦跟記憶有關的部位，以及跟價值判斷相關的部位，活動得特別活躍。

人在做事情的時候，大腦的血流大部分會集中流向負責該活動的部位，導致其他部位的活動變得遲緩。可是，放空卻可以將血流流向大腦沒有在使用的部位。

● 放空發呆的狀態＝大腦的怠速狀態

如今科學家把這種大腦的活動稱之為「預設模式網絡」（Default Mode Network）。「預設模式網絡」是由好幾個大腦部位共同組成的網絡，研究顯示，這個網絡能協調各種大腦的神經活動。

過去大家都以為發呆的時候，大腦是處於停止運作的休息狀態，後來研究才發現，事實上，這個網絡隨時都處於運作狀態，因此發呆的時候，大腦的狀態比較像是車子怠速的狀態。

更驚人的是，這個怠速的狀態，效率竟然是平時的 15 倍！

上廁所或是洗澡的時候，經常會靈光一閃，就是因為這時候人處於完全放空，什麼都沒在想的狀態，也就是大腦的「預設模式網絡」狀態。

● 放空也許能意外得到好點子

人在全神貫注的時候，專注力也會變好，一心只想著要完成工作。換

個方式來說，此時的大腦就像疾駛在高速公路的車子，朝著目的地一路前進。

另一方面，大腦處於預設模式網絡狀態的意思，就像是車子開在平時沒在使用的平面道路上。**這時候由於血流會流向大腦各個部位，所以經常會有意外的發現**，就像開在平面道路上會意外發現高速公路休息區裡找不到的隱藏版名店一樣。

專心時的大腦和放空發呆時的大腦

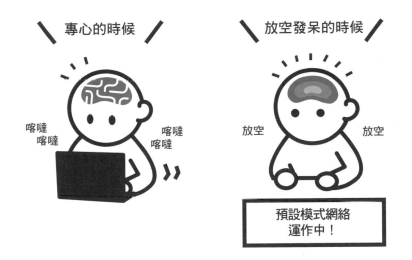

專心的時候

喀噠
喀噠

喀噠
喀噠

放空發呆的時候

放空

放空

預設模式網絡
運作中！

工作效率變差的時候，與其帶著焦慮的心情繼續做事，
不如放空思緒發呆一下，反而更容易想到好點子。

冥想

效果：腦疲勞／注意力／記憶力

—加州大學舊金山分校　齊格勒等多位研究員的研究—

●冥想有助於提升工作記憶

研究證實，當壓力累積太多，導致大腦無法思考，或是注意力變差的時候，「冥想」可以幫助恢復工作效率。

加州大學舊金山分校的齊格勒等人，為了想知道冥想的效果，研發了一款以個人為對象的冥想練習手機應用程式。

他們找來 59 位 18 ～ 35 歲的受試者，先播放冥想的教學影片給他們看，接著要求每個人使用這款應用程式來進行冥想練習，6 週之後再透過腦波檢測效果。

受試者學到的冥想方法是每一次花 10 ～ 15 秒的時間專注在自己的意識上，同時做深呼吸。這是一種任何人都學得會的方法。

應用程式會把每一次的練習記錄下來，經過 6 週之後，再觀察專注力的持續時間是否變長。結果發現，受試者的注意力和「工作記憶」都變好了。

●冥想能降低皮質醇的分泌

加州大學聖地牙哥分校的艾珀等人發表了一份以 60 人為對象，為期 3 個月的集中式冥想計畫研究報告。根據這份報告，受試者除了自制力獲得提升以外，負面情緒也減少了。

關於冥想，全世界已經有非常多研究成果，許多實驗也已經證實，冥想具有減輕壓力的效果。

舉例來說，全印度醫學研究所的多位研究人員先讓受試者透過玩電玩遊戲累積壓力，然後進行 15 分鐘的冥想，之後測量受試者的皮膚電阻感應和心跳，以及唾液中的皮質醇濃度，實驗為期一個月。

結果，理所當然地受試者的壓力程度降低了，除此之外令人意外的是，在 IQ 和認知功能方面的能力也跟著提升了。

●冥想能刺激預設模式網絡發揮作用

根據上述齊格勒的研究，他認為冥想之所以能帶來這麼多效果，可能是因為冥想能刺激大腦的「預設模式網絡」發揮作用。

在現今這個充滿壓力的社會，冥想也許就是一種正面看待生活，「既不用花錢，也不會佔用太多時間，任何人都做得到的減輕壓力的方法。」

冥想帶來的各種效果

- ☑ 提升注意力
- ☑ 提升工作記憶
- ☑ 提升 IQ
- ☑ 提升認知能力
- ☑ 減少負面情緒
- ☑ 降低壓力
- ☑ 提升自制力

如果想要消除壓力、提升工作效率，
可以試著嘗試冥想。

花30分鐘不到的時間小睡片刻

效果：睡眠不足／腦疲勞／放鬆效果／生產力

— NASA（美國太空總署）　羅斯金等多位研究員的研究—

●小睡片刻 26 分鐘，能力表現提升了 34% ！

如果希望下午也能有效率地工作，建議中午一定要小睡片刻。就連日本厚生勞動省也鼓勵大家要午睡。

關於這方面的研究，**NASA 做過一項實驗——小睡片刻 26 分鐘，工作效率比睡前提升了 34%。**

「睡意」是因為大腦中負責掌管語言、記憶、思考的「大腦皮質」疲累所產生，換言之，如果想提升能力表現，重點就在於如何讓「大腦皮質」快速恢復功能。

於是，NASA（美國太空總署）的羅斯金等人進行了一項實驗，要求飛機機長在駕駛艙內小睡片刻。結果發現，大家的能力跟睡前相比，平均睡眠時間 26 分鐘的表現最好，提升率高達 34%。

●疲累的時候，閉上眼睛休息 5 分鐘，同樣有效

要特別注意的是，如果睡超過 30 分鐘，只會造成生產力下降，反而帶來反效果。

假設午休時間有一個小時，30 分鐘吃飯，接著花 30 分鐘不到的時間小睡片刻，最後再留一點時間準備下午的工作，這樣應該就能提升下午的工作表現。

另外，只要閉上眼睛，大腦就會釋放出有放鬆效果的 α 波，所以覺得疲累的時候，閉上眼睛休息個 5 分鐘，同樣能達到放鬆的效果。

●中午睡個 15 分鐘左右，能提升大腦的認知功能

　　日本產業醫學統合研究所的高橋等人所做的研究也有同樣的結果，實驗將受試者分為下列 3 組，分別在午飯前、午飯後 30 分鐘、午飯後 3 個小時，測量各組與認知功能相關的腦波、睡意和心電圖，並且進行測驗，聽到指定的聲音就必須按下按鈕。

　　第 1 組 午飯後不睡午覺
　　第 2 組 睡了 15 分鐘的午覺
　　第 3 組 睡了 45 分鐘的午覺

　　實驗結果發現，比起 第 1 組 和 第 3 組 的受試者， 第 2 組 的受試者在午飯後 30 分鐘和午飯後 3 個小時的測驗中，大腦的反應都比較快。

　　此外，相較於沒有睡午覺的 第 1 組 ，有睡午覺的 第 2 組 和 第 3 組 都沒有睡意。

　　可見睡午覺不但能減少下午的睡意，頭腦也會比較清楚，而且效果長達 3 個小時之久。

●午睡前喝咖啡能幫助自己醒來之後精神更好

　　如果希望午睡醒來之後精神更好，可以在午睡之前先攝取咖啡因，像是咖啡等。這是因為**咖啡因進入人體之後，需要經過大約 30 分鐘才會開始發揮作用**，所以睡前先喝咖啡，睡醒之後咖啡因正好開始發揮作用。

想睡的時候不要硬撐，
乾脆就來試試看午睡的效果吧。

用冰涼的毛巾擦臉

效果：睡意／疲勞／放鬆效果

—電力中央研究所人因研究中心　廣瀨和長坂的研究—

●最好的休息方法是「閉上眼睛＋冰涼毛巾擦臉」

吃過午飯，下午工作的時候會容易想睡覺，工作效率也受影響。可是，午休又沒有時間睡午覺……這種時候，最有效而且簡單就能讓自己清醒的方法，就是「用冰涼的毛巾擦臉」。

日本財團法人電力中央研究所人因研究中心的廣瀨和長坂，以 8 位年齡約 20 歲上下的受試者為對象，進行了一項為期數日的實驗。實驗方法除了「①閉上眼睛」、「②閉上眼睛聽音樂」兩種休息方法以外，另外又加上「用冰涼的毛巾擦臉」做搭配。

> 條件 1 閉上眼睛
> 條件 2 閉上眼睛聽音樂
> 條件 3 閉上眼睛＋用冰涼的毛巾擦臉
> 條件 4 閉上眼睛聽音樂＋用冰涼的毛巾擦臉

受試者必須先接受 50 分鐘的計算、查字典等簡單的測驗，結束之後再以上述的方法休息 15 分鐘，測量休息前後的答題正確率、睡意、專注力的差距以及腦波。

結果顯示，用冰涼的毛巾擦臉能迅速帶來效果，不只感覺比較清醒，跟休息之前相比，休息之後的測驗成績也變好了。

其中 8 人當中有 6 個人覺得「閉上眼睛＋用冰涼的毛巾擦臉」的放鬆效果最好。

●休息之後快速清醒的方法

在同研究中心的另一項實驗中也提到，除了冰涼的毛巾以外，讓自己在休息之後快速清醒的方法，還有玩電玩以及做伸展運動。

另外，除了冰涼的毛巾，咖啡、電玩、攝取大豆胜肽等，對於保持休息之後的測驗成績也非常有效。研究也提到，**結束休息之後，至少要預留10 分鐘左右的時間來克服睡眠慣性（sleep inertia，睡醒之後因為無法馬上清醒而出現的暫時性恍神狀態）。**

下回閉上眼睛讓身體休息之後，記得用冰涼的濕紙巾擦擦臉、清醒一下，再開始下午的工作。

睡意來襲、工作效率變差時的快速清醒法

閉上眼睛　　用冰涼的　　清醒
　　　　　　毛巾擦臉

想睡覺而沒辦法繼續工作時，
就用「閉上眼睛+冰涼毛巾擦臉」來快速清醒。

做划船的動作

效果：憤怒／焦躁

—科隆德國體育學院　佩斯和克萊納特的研究—

●只要做出划船的動作，就有平息怒氣的效果

很多人都以為，憤怒無法平息的時候，打沙包可以發洩怒氣。其實這是錯誤的觀念。

科隆德國體育學院的佩斯和克萊納特做過一項實驗，他們讓 18 ～ 34 歲的受試者在桌球比賽中遭受評分不公等各種不合理的對待，激起他們的憤怒，接下來研究怎麼做平息怒氣的效果最好。

實驗的方法有以下 6 種運動，分別測量受試者在運動前後的憤怒程度。

1 和大家一起划船
2 獨自一個人打沙包
3 用拳擊手靶和對手對打
4 和對方互相傳接球
5 獨自一個人划船
6 大家一起比賽划船

結果顯示，「5 獨自一個人划船」平息怒氣的效果最好。

有趣的是，5 以外的所有運動都無法平息怒氣。

只要有同伴或是對手，就必須配合對方的動作，或是使人產生競爭意識，所以很難冷靜下來。至於打沙包這種運動，由於會刺激腎上腺素分泌，反而可能帶來反效果。

●划船這種單一動作的運動，能讓心情冷靜下來

　　划船是一種單一動作的運動，加上是獨自一個人默默進行，大腦會全神貫注在自己動作上而忘了生氣，自然就會有冷靜的效果。

　　當然，現實生活中不可能身邊隨時就有船可以划，所以也可以到健身房找一些划船動作的機器來運動，或者是自己在家裡模擬划船的動作。

　　怒氣這種東西，如果能預防發生或是克制當然最好，但是萬一一發不可收拾，不妨就試試划船動作的效果吧。

利用划船的動作來平息怒氣

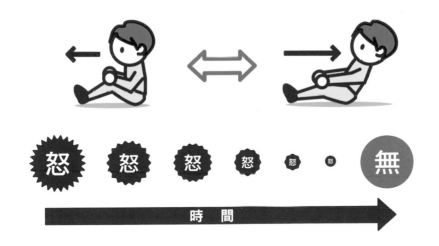

無法控制憤怒的時候，就模擬划船的動作來運動，
或者是其他一些單一動作的運動。

「人類的行動比思考快」是科學常識

思考和行動，到底是哪一個先發生呢？以我們的感覺來說，都會覺得是先想著「就這麼做」，然後身體接收到大腦的指令才做出動作。

可是，根據加州大學的利貝特和他的同事們所做的研究，準備行動的訊息傳到大腦的時間，比採取行動的訊號還要快了 350 毫秒。換言之，研究證實，身體的行動，比大腦思考或是在心裡想著還要快。也就是身體「先於」心理的意思。

由於大腦會根據從身體接收到的訊息來判斷自己的狀態，所以就算是勉強裝出笑容，大腦也會以為「我現在很開心」。同樣的，提不起勁的時候，就算是勉強自己也要動一動身體，這樣大腦才會認為「身體正在活動，我得不斷傳送能量（幹勁）給身體才行」。

如今，無論是在腦科學領域或是心理學領域，「行動比思考快」已經可以算是常識。只不過，一旦涉及法律問題，情況就會變得相當複雜。

以犯罪來說，必須要有「故意」為前提，也就是「先想才做」。可是，「行動比思考快」的說法卻會讓這個故意性受到否定，導致難以被視為犯罪來判刑。因此，即便違背科學證明，但是在法律上還是會以「思考比行動快」為前提來判斷責任問題。

同樣的，在社會上一般還是以「思考比行動快」為常識，所以如果做了不對的事情，就算拿「科學研究說人的行為比思考快」作為辯解，也是行不通的，這一點請謹記在心。

CHAPTER

4

【工作中・PM】
恢復專注力
的科學方法

40-53

40 嚼口香糖

效果：不安／疲勞感／注意力

—科克大學　艾倫和史密斯的研究—

● 嚼口香糖能提升表現的科學根據

研究證實，嚼口香糖不只能提升注意力，還能提升健康和工作表現。科學家認為這是因為<u>咀嚼的動作能增加大腦的血流量，所以能有效恢復工作記憶</u>的能力。

科克大學的艾倫和卡迪夫大學的史密斯，針對 126 名全職的大學職員（女性 87 人，男性 39 人）做了一項實驗，想知道嚼口香糖跟不嚼口香糖，對工作表現會造成多大的差異。

在實驗進行之前，受試者必須先回答關於目前的工作壓力、不安、抑鬱、粗心、犯錯、疲勞感、工作進度落後等七大項目的問題。

實驗將受試者分成以下 2 組，觀察有沒有嚼口香糖對工作表現造成的差異，以及嚼口香糖前後的差異，並將結果用數據表現。

A 組 獲得一包 10 入的口香糖，工作期間只要感覺有壓力，隨時都能拿出來吃

B 組 以平常的方式工作

結束工作之後，再回答一次同樣的問卷，結果發現 **A 組** 的人在七大項目當中，全部的發生率都比工作之前要來得低。

相反的，**B 組** 粗心和倦怠感的數字都增加了。即便是其他數字減少的項目，差距也不如 **A 組** 來得明顯。

CHAPTER 4 工作中PM

●處理新訊息的能力變好

　　在艾倫和史密斯針對嚼口香糖所做的其他研究結果也顯示，口香糖嚼得愈起勁，處理新訊息的能力也會變得更好。

　　這是因為，嚼口香糖不只紓壓，而且有助於恢復工作記憶的能力，所以對於處理新訊息才會特別有效。

嚼口香糖能減輕壓力的原因

| 工作期間
隨時嚼口香糖 | → | 7大項目的數據
全部減少 |

- ☑ 工作壓力
- ☑ 不安
- ☑ 抑鬱
- ☑ 粗心
- ☑ 犯錯
- ☑ 疲勞感
- ☑ 工作進度落後

> 工作如果感覺被壓力壓得喘不過氣，
> 不妨嚼口香糖來紓解壓力。

欣賞可愛的照片

效果：焦躁／專注力／疲勞

—廣島大學　入戶野等多位研究員的研究—

●可愛幼貓幼犬的照片有助於提升工作效率

心情焦躁的時候，專注力也會跟著變差。廣島大學的入戶野等人以 130 位大學生為對象進行研究，發現「**隨身帶著一些可愛的東西，對於提升做事效率也許會有幫助**」。

這項實驗內容包括用鑷子把洞裡的小東西夾出來、從好幾排的數字當中找出指定的數字等，都是亟需專注力的測驗。

研究人員將受試者分成 3 組，分別看著「幼貓幼犬」、「長大的小貓和小狗」、「壽司等美食」的照片進行測驗，最後再比較 3 組的成績。

結果，**只有看著「幼貓幼犬」照片的那一組，鑷子測驗的成績提升了 44%，找數字測驗的成績提升了 16%**。其他兩組的成績則看不出太大的差異。

●人看到可愛的東西，專注力會變好

針對這樣的結果，研究主持人入戶野認為：「當人覺得某樣東西『好可愛～』的時候，就會想近一步瞭解，所以自然會變得更專注。」

確實，很多人在看到可愛東西的時候，下意識都會想要「再看得更清楚一點」。這種心情帶來的結果，就是注意力變好，能夠長時間專注。從這一點來看，當然是愈可愛效果愈好。

●「可愛就是正義」的說法有科學為證

「可愛就是正義」的說法，同樣也有它的科學根據。

賓州大學的布羅克等人的研究證實，**看到可愛嬰兒照片的時候，大腦跟幹勁、專注力、喜悅相關的部位，活動會特別活躍。**

如果覺得自己的專注力變差，就拿出手機，找一些小寶寶或是可愛的小貓小狗，或者是小貓熊的影片來欣賞吧。只不過，看太久也是會有反效果。<u>研究顯示 1 分鐘～1 分半鐘的時間剛剛好</u>，超過這個時間就會變差，請務必小心。

可愛的東西會啟動大腦的「幹勁開關」

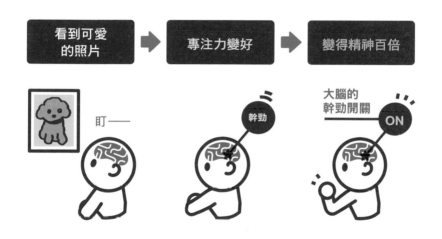

專注力變差的時候，
就花個1分鐘～1分半鐘看些可愛的照片。

靠直覺做判斷

效果：判斷力／疲勞

—拉德堡德大學　狄克思特修斯等多位研究員的研究—

●研究證實「不可輕忽無意間的選擇」

很多時候我們經常會想太多，結果導致壓力愈來愈大。拉德堡德大學的狄克思特修斯等人透過研究證實：「千萬不要輕忽了不經思考而無意間做出的選擇」。

在這項實驗中，研究人員對受試者介紹了四台不同款式的中古車，其中混入了一台很明顯是最划算的車子。接著受試者被分成兩組，一組有充分的時間可以考慮，另一組則必須緊接著玩拼圖，完全沒有給予考慮的時間。

首先，在沒有任何複雜的說明介紹之下，兩組受試者選對划算車款的人數不相上下。

接著，研究人員針對每台車子的耗油量、後車廂大小等細節的部分做了複雜的介紹之後，請受試者再選一次。這一次，選對車子的人數減少到 25% 以下。

也就是說，機率跟從四台車當中亂猜是一樣的。

●不經思考代表大腦已經捨棄不必要的情報

另一方面，被要求玩拼圖而沒有時間思考的組別，就算訊息量增加了，還是有六成的人能選對車子。

對此，狄克思特修斯分析，這些人因為被要求去做毫不相關的事情，沒有時間思考，於是他們的大腦自動捨棄不必要的情報，只專注在重要的訊息上，因此最後能做出正確的選擇。

CHAPTER 4 工作中PM

●無意識會替自己做出最好的選擇

　　就算為了做出聰明的選擇而收集各種情報，可是諷刺的是，有時候反而會因為想太多，導致遲遲無法決定，最後做了錯誤的判斷。

　　思考會讓人一不小心就被大海般的情報給淹沒，所以，有時候應該仰賴更「直覺性」的判斷，這一點非常重要，因為**無意識會做出比我們所瞭解的更聰明的選擇**。

　　也就是說，透過玩拼圖讓大腦更清楚，或者是乾脆放空發呆，有時候反而能給自己帶來最好的選擇。

捨棄不必要的情報，用直覺做選擇的科學方法

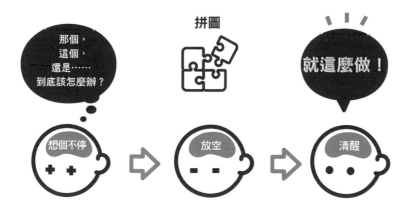

為了避免想太多而無法思考，做出錯誤的判斷，
乾脆拋開情報，讓直覺來決定吧。

聞咖啡豆的香氣

效果：睡眠不足／疲勞／專注力／熱情

—首爾大學　徐等多位研究員的研究—

●咖啡豆有紓解壓力的效果

疲憊或是有壓力的時候，來一杯香醇咖啡，馬上就能看見效果。事實上，咖啡豆的香氣本身就具備驚人的功效。

首爾大學的研究指出：**「睡眠不足和疲勞會使得體內產生活性氧，破壞腦細胞，而咖啡豆的香氣則能使這些被破壞的腦細胞恢復正常。」**

這項實驗的對象是「正常的老鼠」和「已經 24 小時沒有睡覺，呈現睡眠不足狀態的老鼠」。研究人員拿咖啡豆給這些老鼠聞，結果發現，老鼠體內用來保護大腦不受壓力破壞的細胞，原本因為睡眠不足和壓力變少，可是在聞了咖啡豆的香氣之後，**部分的細胞竟然獲得了復原。**

也就是說，光是聞咖啡豆的香氣，就能得到減輕壓力的效果。

●咖啡豆的香氣讓人變得更親切熱情

倫斯勒理工學院的拜倫所做的研究得到了一個非常明顯的結果，他讓咖啡和餅乾的香氣充斥在整個購物中心中，結果，逛街的人們開始出現各種充滿善意的行為，包括有人會幫忙撿起掉在地上的筆，店家遇到客人想換零錢，也會爽快地答應等。

這個結果告訴我們，**咖啡豆等食物的香氣，會影響人的親切程度。**也有研究顯示，待人親切的「親社會行為」（prosocial behavior）會提升人的幸福感，因此兩者相乘作用之下，心情應該會變得更開心。

●咖啡不能晚上喝

只不過，有一點要留意的是，晚上最好盡量不要喝咖啡。

咖啡所含的咖啡因在進入人體之後，會一直殘留在體內。**喝完咖啡平均 5 ～ 7 個小時之後，還有一半的攝取量會殘留在體內。也就是說，如果傍晚喝一杯咖啡，到了凌晨，還有一半的咖啡因仍留在體內沒有代謝掉。**

常見的一種情況是，一早醒來感覺「一整晚都沒睡好」。其實這就是前一晚攝取的咖啡因在作祟。

咖啡具有提神和提升專注力的效果，可是如果晚上喝咖啡，就會有半夜睡不好的副作用，這一點千萬要記住。

現在在超商等地方也能輕鬆買到現煮或是現泡的咖啡，覺得有壓力的時候，就給自己來杯咖啡吧。不論是自己沖泡還是出門買咖啡，這些行動本身也都能讓疲憊的大腦感覺更清醒。

透過喝咖啡休息來提升專注力

活化
腦細胞！

只不過，要喝就趁白天

工作專注力變差的時候，
來一杯香醇的咖啡，清醒一下大腦吧。

做跟工作無關的事情

效果：專注力／腦疲勞

—坎特伯雷大學　希爾頓和羅素的研究—

●短暫的休息有助於提升工作效率

有個非常有趣的研究結果指出，**與其繃緊神經不斷工作和做事情，不如固定每隔一段時間就稍微休息一下，對於維持專注力會更容易。**

坎特伯雷大學的希爾頓和羅素找來了 266 位年齡介於 17 ～ 60 歲的受試者接受測驗，他們必須記住電腦螢幕上不斷出現的橢圓形圖案的位置。實驗將所有受試者分成下列 3 組。

第 1 組　中途休息約 2 分鐘

第 2 組　測驗題目中穿插著數字和文字等其他題目

第 3 組　中途不休息

結果顯示，第 1 組 的成績最好，至於 第 2 組 和 第 3 組 相比，前者的成績比較好，長時間一直做同一件事情的第 3 組，效率和反應時間的表現都是最差的。

這個結果證明了定期做短暫休息，包括休息片刻或是稍微休息個幾分鐘，都有助於提升工作效率。

●做跟工作無關的事情，能讓大腦更清醒

伊利諾大學香檳分校的有賀和雷若斯則主張，比起休息，像 第 2 組 一樣穿插做「別的事情」，效果更好。

他們的實驗包括兩項測驗項目，一是當螢幕上出現的線條比其他的短時，就要按下鍵盤，另一項測驗是記住 2 ～ 9 數字中的其中 4 個數字。

受試者被分成以下兩組來比較結果。

第1組 先做數字測驗，接著在線條測驗（出現比其他短的線條時就要按下鍵盤）進行到一半的時候，問受試者還記不記得數字。

第2組 先做數字測驗，接著做線條測驗，等到全部結束之後，再問受試者還是否記得數字。

結果顯示，第1組 辨識線條的能力，比較不會因為時間經過而變差。**可見穿插做其他無關的事情，能夠讓大腦更清醒、效率更好。**

換言之，工作也是一樣，與其「先做完 A 再做 B」，不如「做 A 的同時偶爾穿插做 B」，這種一心多用的方式反而比較好。

事情同時進行才能一舉兩得

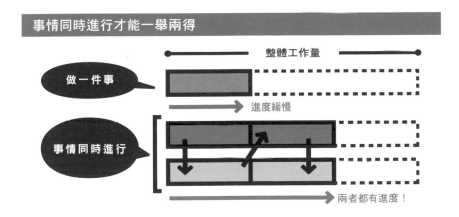

想提高工作效率，空檔時穿插做不同的工作，
或者是兩項工作同時進行，也是不錯的方法。

玩3分鐘俄羅斯方塊

效果：防止過食／腦疲勞／控制欲望

—普利茅斯大學　布朗等多位研究員的研究—

●玩 3 分鐘俄羅斯方塊就能平息欲望！

「好想吃甜食」、「好想去玩」、「好想睡覺」。當欲望愈來愈強烈的時候，一旦忍耐就會形成壓力。

普利茅斯大學的布朗等人發表了一份研究報告指出，**「玩俄羅斯方塊能降低食慾、睡眠慾、性慾、對藥物的依賴等一切欲望。」**

這項研究的對象是 31 位學生，一開始研究人員每天發送 7 封電郵給受試者，詢問「你現在有什麼欲望？」。在受試者回答想睡覺、想吃東西等各種欲望之後，研究人員接著要求其中 15 名受試者利用平板玩俄羅斯方塊，時間只有 3 分鐘。

遊戲結束之後，研究人員再問一次同樣的問題，結果顯示，跟之前的欲望相比，此時他們的欲望平均減少了 **1/5**。由於受試者在一個星期內平均玩了 40 次以上的俄羅斯方塊，所以從這個數據結果來看，似乎具有持續降低欲望的效果。

●玩俄羅斯方塊能刺激工作記憶

以益智遊戲來說，俄羅斯方塊的難度適中，而且需要使用到思考和視覺能力，因此研究人員推測也許有分散注意力的效果。當然，其他益智遊戲的效果應該也不錯。

之所以這麼說是因為，真正的重點是在於是否能刺激「工作記憶」，因為工作記憶的作用就是暫時記憶，以及處理工作和動作所需的情報。

工作記憶跟大腦的前額葉皮質有相當密切的關係，前額葉皮質是主宰理性的部位，會控制大腦邊緣系統的本能情緒。因此，當人在進行益智遊

戲等需要運用到各種處理能力的活動時，本能欲望就會相對變得愈來愈薄弱。

　　研究人員推測，這是因為玩俄羅斯方塊會「覆蓋」欲望所產生的視覺情報，使得本能的欲望減退。

　　當「想睡覺」、「想吃東西」的念頭出現在不該出現的時間，玩 3 分鐘的俄羅斯方塊，就是你最佳的「應急方法」。好好善用俄羅斯方塊，讓它成為你聰明控制欲望的救援工具吧。

利用簡單的遊戲控制欲望

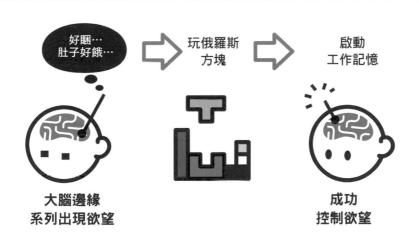

好睏…
肚子好餓… ➡ 玩俄羅斯方塊 ➡ 啟動工作記憶

大腦邊緣系列出現欲望　　　　　　　　　　成功控制欲望

想要控制睡意和食欲等欲望，
只要花3分鐘玩個簡單的遊戲就行了。

避免久坐不動

效果：健康／果斷力

—哈佛大學醫學院　李等多位研究員的研究—

●久坐不動會增加疾病和死亡的風險

根據哈佛大學醫學院的李等人針對靜態行為所做的研究，「長時間久坐不動，會導致心臟病風險增加 6%，糖尿病 7%，乳癌 10%，大腸癌 10%」。

此外，減少久坐不動的時間，能夠使提早死亡率降低 9%。研究也提到，如果讓久坐不動的人當中的 10 ～ 25% 增加走路的機會，每年的死亡人數說不定能減少 50 ～ 130 萬人。

●久坐不動導致疲勞和壓力的原因

人類的大腦是為了活動身體而存在，也有科學家認為，包括大腦在內的中樞神經，作用就是為了「活動身體」。

因此，久坐不動會導致身體開始出現各種問題，包括記憶力變差、精神渙散等。假使一整天都坐著，身體沒有稍微活動一下，交感神經和副交感神經就無法順利切換，造成自律神經失調，身體無法在晚上獲得充分的休息，相對地當然就容易感到疲勞和壓力。可見久坐不動可以說是「造成壓力的身體的天敵」。

人只要站著不動，每小時就能消耗 50 大卡的熱量。所以為了健康，也為了工作更有效率，增加站立的時間應該是個不錯的辦法。

● Google、Facebook 等企業紛紛採用站立式辦公桌的原因

近年來，Google、Facebook 等許多企業都改用站立式辦公桌。在德州

農工大學的梅塔等人所做的研究中，34 名高中生在使用站立式辦公桌長達24 週之後，大腦的執行能力和工作記憶都變好了。

此外，密蘇里大學的布魯敦恩等人將受試者分成站立和坐著兩組，要求兩組人做決定，結果站立的組別做決定的速度，比坐著的人快了 **33%**。

早稻田大學的黑澤等人也針對 400 多人進行分析調查，發現這些參與調查的日本人，平均每天大約有 8.5 小時的時間都是坐著。

身為容易久坐不動的現代人，我們應該多想點辦法避免自己長時間久坐不動，例如多找機會站起來動一動、休息一下，或者是站著工作。

久坐不動對健康造成的危害

久坐不動

心臟病：6%
糖尿病：7%
乳癌：10%
大腸癌：10%

…疾病 風險提高

避免久坐不動

提早死亡率

9%

減少

> 為了健康，也為了工作更有效率，
> 盡量想辦法避免自己久坐不動吧。

用第三人稱說話

效果：焦躁／控制情緒

—密西根州立大學　莫瑟等多位研究員的研究—

●別用「我……」說話，改用「他……」，自然會冷靜下來

感到焦躁和壓力的時候，恢復冷靜的有效方法之一，就是用客觀的角度審視自己。這種時候，改變「說話方式」會意外地有效。

密西根大學的莫瑟等人做過一項實驗，他們先拿令人不安的照片給受試者看，接著把受試者分成下列 2 組。

第 1 組 用第一人稱問自己看到照片的感受，例如「『我』現在有什麼感覺？」

第 2 組 刻意把說話的主詞改成第三人稱，用客觀的角度問自己看到照片的感受，例如「『他』現在有什麼感覺？」

研究人員以腦波儀和 fMRI 觀察受試者的大腦活動。

結果發現，**用第一人稱「我」當主詞說話的受試者，和使用第三人稱「他」或「她」當主詞說話的人，後者的大腦中跟情緒有關的部位，活動呈現快速降低的狀態。**

●用第三人稱說話能客觀審視自己，控制情緒

也就是說，**只要用第三人稱來表達自己，就能用客觀的角度審視自我，控制情緒。**這可以說是一種善用對「第三人稱」詞彙抱持的偏見，來輕鬆控制情緒的方法。

在莫瑟等人所做的其他實驗當中，也得到類似的結果。這次他們請受試者以第一人稱和第三人稱的角度，回想自己過去的痛苦經驗，研究人員再分別觀察受試者的大腦活動。

結果顯示，以第三人稱回想的時候，大腦中跟回想過去痛苦和難過經驗時所產生的情緒有關的部位，活躍程度不如以第一人稱回想的時候。至於以第三人稱表達時所需要的努力，則跟以第一人稱時不相上下。

知名的畢達哥拉斯也說過：「憤怒以愚蠢開始，以後悔告終。」因此，用第三人稱說話，就是幫助自己客觀審視自我的「神之眼」。

以第三人稱說話有助於安撫情緒的原因

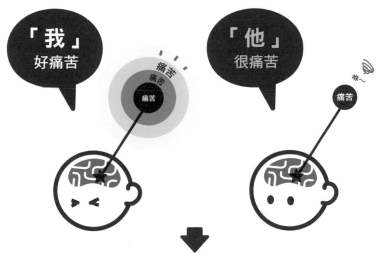

大腦中主宰情緒的部位（杏仁核等）
活動程度降低

痛苦、難過的時候，如果想恢復冷靜，
不妨試著用第三人稱來思考和表達。

別窮追不捨

效果：執著

—明尼蘇達大學　史威斯等多位研究員的研究—

●花費的時間金錢愈多，愈不容易放手

「我幫了他那麼多……」「我排隊排了這麼久，不可能不好吃。」人對於自己付出的時間和金錢，通常都看得很重。

經濟學上把**再怎麼努力都不可能回收的時間和成本**，稱為「沉沒成本」（sunk cost）。簡單來說就是指心裡覺得「都已經付出這麼多，現在放棄實在可惜，還是再繼續堅持一下吧，應該就會出現轉機了」，於是繼續投入的時間和金錢。

就算心裡多少明白，再繼續投入金錢、時間和努力，只會損失更多，卻還是緊抓著不放手，捨不得放棄。這種心態就是造成人們做出錯誤判斷的主要原因之一。

人對於沉沒成本會非常在意，即便有更好的選擇，還是會將沉沒成本納入考量來做決定。

科學研究已經證實，這跟人類的本能有密切關係。不過有趣的是，這種行為不只是人類，也會出現在動物身上。

●沉沒成本是動物後天發展出來的本能

明尼蘇達大學的史威斯等人做了一項實驗，他們先讓小老鼠、大老鼠和人類等待一段時間，接著再給予各自喜愛的「獎賞」。

研究發現，不論是小老鼠、大老鼠還是人類，對於自己已經付出的等待時間都會覺得捨不得，有時候就算最後沒有得到獎賞，也不願意放棄這種沒有建設性的行為。不只如此，結果也顯示，付出的沉沒成本愈多，愈無法放棄。

研究人員推測，**這是動物在演化的過程中發展出來的一種行為，也就是把經驗當成預測將來的基準。**也就是說，已經發生的事情是確定而不會改變的，而告訴自己在不確定的將來也可能會發生同樣情況，這麼做會幫助自己更容易做決定，所以就這麼做了。

大家一定要謹記這種沉沒成本的概念，**當出現這種想法時，就必須放棄不必要的長期投資，告訴自己那些已經被埋沒的成本再也不會回來，斷然地死心吧。**這麼一來，自然不會再有莫名的期待，壓力應該也會減輕不少。

沉沒成本愈多，損失愈大

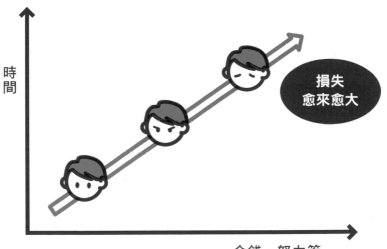

人付出的金錢、時間和努力愈多，
愈會執著不願放手，給自己徒增許多壓力，一定要隨時警惕在心。

泡手湯

效果：鎮靜作用／幹勁／專注力

—北海道大學　矢野等多位研究員的研究—

●科學證實溫泉的消除壓力效果

泡溫泉能獲得療癒，這是有科學證實的效果。實際上，溫泉的確具有消除壓力的效果。

札幌市立高專的渡邊和北海道大學的研究人員一起做了一項實驗，他們找來 8 位女性受試者，在泡了 10 分鐘的溫泉之後（泡湯前後的 30 分鐘必須保持平靜），透過腦波、心跳、體溫、皮膚溫度和問卷等方式測量泡溫泉的效果。

結果透過腦波分析發現，泡完溫泉之後，受試者「難過」的情緒減弱了，相對地「好心情」和「放鬆感」增加了。

不只如此，而且睡得比平常好，隔天覺得充滿活力和動力，專注力也變好了。

●「泡手湯」跟泡溫泉一樣能獲得幸福感

雖然明白泡溫泉的好處，可是就是沒有時間去泡溫泉……應該也有人心裡是這麼感嘆的吧，所以在這裡，我要推薦給大家的作法就是「泡手湯」。

北海道大學的矢野等人以腦血管意外的患者為對象做了一項研究，當患者的手泡在 38 度的溫水中約 10 ～ 15 分鐘，等到手感覺溫熱之後，看見的效果包括身體的疼痛感獲得減輕、心情變好、說話變得樂觀積極、對病情的恢復充滿「幹勁」等。

●「泡手湯」是醫療現場也會採用的有效方法

人全身上下感覺溫熱的「溫點」，主要集中在手指、手掌和手腕上。

此外，手部的血管裡也佈滿交感神經。

天氣冷的時候，把手放在暖爐或是爐火前方，會感覺整個身體和心裡都暖了起來，這就是因為溫暖手部能促使這些神經產生作用，得到各種效果。

因此，一般認為泡手湯的效果，完全不遜色於泡溫泉。

實際上，泡手湯的作法最早見於醫療現場，為的是讓無法泡澡的患者也能得到跟泡澡一樣的效果和感覺。

除了壓力以外，在感覺疲累、焦躁的時候，就用簡單就能辦到的泡手湯來讓自己放鬆一下吧。

具備紓壓效果的「泡手湯」的方法

用洗臉盆裝滿
38℃的溫水

將手腕以下的部位泡在
溫水裡，時間約 10～15 分鐘

壓力大的時候，
嘗試一下效果不輸溫泉的「泡手湯」吧。

刷牙

效果：腦疲勞／專注力／恢復精神的效果

—千葉大學　左達等多位研究員的研究—

●刷牙能刺激大腦、恢復精神

除了「聞咖啡豆的香氣」和「泡手湯」以外，簡單就能消除壓力、恢復精神的方法之一還有刷牙。

千葉大學的左達等人，與花王人體健康照護研究中心共同進行的研究結果顯示：「**在大腦感到疲勞的時候刷牙，具有刺激大腦的效果。**」

實驗內容是讓健康的成年男女做「隨機加法及乘法」等簡單的計算測驗，時間為 20 分鐘。

測驗結束之後，分別以「刷牙 1 分鐘」和「不刷牙」兩種方式，測量各自的大腦和心理狀態。

結果顯示，**動腦之後再刷牙，比起沒有刷牙，很明顯地大腦的疲勞獲得了恢復，專注力和恢復精神的效果更好。**

這個結果證明，在工作或念書感到疲累的時候，刷牙可以刺激大腦。

研究也指出，**使用薄荷味的牙膏效果最好。**

●嚴禁刷牙次數過多

只不過有一點要注意的是，不能過度刷牙。每小時刷一次就算過度刷牙，會破壞牙齒表面的琺瑯質，可能傷害到牙齒本身。

刷牙的重點在於分泌唾液。想要增加唾液分泌，必須靠刷牙和控制牙菌斑的數量才有辦法。唾液分泌能促進口腔的自我清潔作用，包括防止細胞增生、強化象牙質，因此刷牙才會如此重要。

●不刷牙的人，糖尿病風險比一般人高出 1.9 倍！

刷牙不只關係到牙齒健康，也會影響到身體狀態。

從倫敦大學學院的奧利維拉等人的研究數據中明顯可以看出，刷牙的次數會造成心血管疾病的風險產生差異。

　　比起每天刷牙2次的人，只刷1次的人，心血管疾病的風險高出1.3倍，整天幾乎不刷牙的人甚至會高出1.7倍。不只如此，**不刷牙的人，糖尿病的風險也比一般人高出1.9倍**。

　　可見刷牙跟生活習慣病也有密切關係。雖然一天不能刷太多次，但是也不能完全不刷牙。下回感覺大腦疲累，卻還不能休息的「重要關鍵」時刻，不妨就去刷個牙吧。

動腦之後刷牙有恢復精神的效果

當大腦已經累了，可是必須再繼續撐下去的時候，
就去刷個牙，恢復一下精神吧。

爬樓梯

效果：睡意／工作動力

—喬治亞大學　蘭道夫和歐康諾的研究—

●想睡覺的時候，到底應該喝咖啡還是爬樓梯？

有個很有意思的研究報告指出，當睡意來襲、身體累到不想動的時候，最好的方法就是去爬樓梯。

根據喬治亞大學的蘭道夫和歐康諾的研究，**與其喝咖啡提神，「在附近找個樓梯做 10 分鐘的登階運動，不但有清醒的效果，也會更有工作動力。」**

這個實驗的受試者是 18 名女大學生，每個人平時都有喝咖啡的習慣，每晚平均睡眠時間大約 6.5 小時。實驗模擬一般上班族的工作，整天坐在辦公桌前，幾乎沒有時間站起來運動。

受試者必須一整天坐在電腦前工作，做的是一些需要運用到語言能力和認知能力的工作，並且每隔一天就以下列 3 種方式進行測驗。

方式 1 攝取咖啡因

方式 2 攝取安慰劑（假藥）

方式 3 爬樓梯（10 分鐘的上下樓梯運動，樓梯階數 30 階）

在觀察受試者的工作記憶、動力、專注力後發現，做上下樓梯的運動會讓人「變得比較有精神，更有工作動力」。

●咖啡沒有提升動力的效果

相反的，喝咖啡和安慰劑的方法，對於提升工作動力幾乎沒有任何幫助。

一杯咖啡所含的咖啡因大約是 50 毫克，比起這個分量的咖啡因效果，運動的效果更好。**研究也發現，喝咖啡攝取咖啡因，效果竟然只跟服用安慰劑不相上下。**

此外，在工作記憶和專注力方面，這 3 種方法的差距並不大，只有在工作動力上出現比較明顯的差異。

由此可知，只是上下樓梯這種簡單的運動，就能提升工作動力，而且還能改善缺乏運動的問題，一舉兩得。

如果不想爬樓梯，像踏台登階運動一樣做反覆上下的動作，一樣有效果，而且在家或是辦公室就能輕鬆做到，可以說是提升動力最方便的方法。

做上下樓梯的運動，提升工作動力

工作時遇到睡意來襲，提不起精神，導致進度落後，
這時候就利用上下樓梯運動來找回工作動力吧。

互相提醒

效果：專注力／注意力

—普林斯頓大學　貝登古等多位研究員的研究—

●「互相提醒」有助於大腦恢復最佳狀態

忙不過來的時候，人都會希望能加快動作、提高效率。可是一直工作，忙到沒時間停下來好好休息，結果可能導致失敗或是犯錯，使得心情變得更焦慮煩躁。

忙碌的時候，該如何兼顧保持注意力，才不會影響到工作進度呢？最有效的方法就是：找人提醒自己。

普林斯頓大學的貝登古等人做了一項研究，讓受試者從各種顏色和景色的圖片中，根據主題分辨相關和無關的情報（例如，當主題為景色時，就不需要考慮顏色的圖片）。研究人員會透過 fMRI 觀察受試者的大腦活動。

過程中，當受試者的注意力不集中時，螢幕上就會一直出現跟主題無關的情報。相反的，當受試者精神集中的時候，螢幕上會一直出現跟主題有關的情報。

假使受試者的注意力變差，研究人員會在每一題結束的時候做提醒。結果發現，被提醒的受試者會馬上恢復專注力。

也就是說，當注意力明顯變得渙散時，只要有人提醒「你分心了唷」，受試者便能重新集中注意力，大腦恢復到最佳狀態。

●同事之間的「提醒」能防止精神渙散

只要被提醒「你的注意力變差了唷」，大腦就會有所警覺，重新恢復狀態。既然如此，同事之間及時地互相「提醒」，也能避免精神渙散、注意力變差的情況發生。

透過「提醒」來互相確認、保持彼此的精神狀態，應該是個很有用的方法。

● 「還剩下○分鐘」的提醒有助於提高工作效率

根據理化學研究所的水野做所的研究，**工作效率變差的時候，如果身邊有人告知剩餘時間，例如「還剩下○分鐘」，大腦的獎賞系統就會刺激，讓人感覺不再疲累。**

研究內容是記憶測驗，受試者必須分辨前兩個得到提示的數字，跟現在得到提示的數字是否一致，時間為期 45 分鐘。研究人員同樣是透過 fMRI 來觀察受試者的大腦活動。

結果發現，在受試者感到疲倦的時候提醒他「測驗還剩下○分鐘」，大腦的獎賞系統會受到刺激，疲勞感獲得減輕。

因此，建議以後如果工作忙碌，沒辦法停下來好好休息，同事之間可以有效地適時「提醒」，也可以事先請同事在適當的時間點提醒自己「還有○分鐘就可以休息一下了」。

提醒有助於提升工作效率

還有 10 分鐘

大腦的獎賞系統受到刺激

感覺整個人鬥志都來了！

跟同事約定好，在注意力變差的時候，
用「剩下○分鐘就可以休息了」的方式互相「提醒」。

53 刻意把工作結束在不對的時間點

效果：記憶力／創造力

—俄羅斯社會主義共和國保健省精神醫學研究所　蔡格尼的研究—

●比起已經完成的事情，人對於尚未完成的事情記憶比較深刻

有個現象叫做「蔡格尼效應」（Zeigarnik effect），這是俄羅斯社會主義共和國保健省精神醫學研究所的蔡格尼所提出的主張：「人對於未完成的事情會記得更清楚。」

他把受試者分成以下 2 組，每一組的測驗內容都包括拼圖、計算問題、組裝箱子、捏泥人偶等好幾個不同項目。

> 第 1 組 每完成一個測驗之後，再進行下一個
> 第 2 組 一個測驗還沒結束就被中途打斷，接著去做另一個測驗

等到所有測驗都完成之後，研究人員問受試者：「請問你剛剛做了哪些測驗？」

結果，第 2 組 受試者記得的測驗項目，比 第 1 組 多了將近 2 倍。

蔡格尼效應

被中斷的事情更讓人印象深刻

●為什麼沒有做比做了更讓人後悔？

蔡格尼效應如果放到人生中，就會引發後悔的情緒。

「早知道○○就好了……」這種悔不當初的想法，經常會一直糾結在人的心裡揮之不去，到最後變成壓力。

換言之，這也是蔡格尼效應「忘不了未完成的事務」所引發的心理狀態。

康乃爾大學的吉洛維奇透過研究指出：**「人對於自己做過的事情所產生的後悔是短暫的，但是對於沒有做過而產生的後悔，卻會隨著時間愈來愈強烈。」**

這項研究的對象不分男女老少，透過面對面、電話、問卷等各種方式收集了大量的資料後發現，人對於沒有做過的事情會記得更清楚。

簡單來說就是沒有做比做了更讓人後悔。

這種蔡格尼效應的作用，大家最好謹記在心，除了能應用在工作上以外，也能避免在人生留下後悔。

●故意在不對的時間點結束工作，刺激更多靈感產生

說個題外話，據說知名作家村上春樹會事先決定每天的寫作時間，例如五個小時就是五個小時，只要時間一到，就算還有靈感，也一定會停下筆來，等到隔天再繼續寫。

據說這麼做，到了隔天會產生更多的靈感。這也許是因為**故意把工作結束在不對的時間點，造成心裡放不下，不停地東想西想，結果反而激發出更多靈感**。

蔡格尼效應的應用實在是非常有趣。

> 藉由刻意把工作結束在不上不下的地方，
> 激發出大腦裡所有想得到的靈感。

科學是絕對正確的嗎？
什麼是一定要具備的
「科學素養」？

一般來說，「科學」呈現的是「真相」，因此大部分的人都會認為科學是「絕對」且「正確」。然而，科學家並不是這麼看待科學的。

科學說到底，還是人類的活動。隨著時代變遷，科學真相不斷在改變，也會受到潮流和政治的極大影響。就如同「天動說」在過去也是絕對的真理一樣，不久之前還被視為有科學佐證的事物，後來卻被新的研究一舉推翻，這都是常有的事情。

說起來，科學由於是科學，因此必須是要能夠舉出「反證」。例如有一方主張「是 A」，另一方則主張「不是 A」，透過雙方各自提出證據來證明自己的主張，使答案更接近真相。就跟審判一樣。倘若不是這樣，就會變成「惡魔的證明」（無法證明的事情）。

所以，當某個實驗結果出現另一個反論的實驗結果時，並不能因此就認定原本的結果是騙人的，因為科學不是在討論哪個實驗結果正確、哪個錯誤。

再者，科學的任務是找出事物「在○○情況下一般都會○○」的「法則、規律性」。但是畢竟人類的思考並非完全正確，發生錯誤是很正常的現象，再加上這當中還存在著各種偏誤，因此幾乎沒有東西是絕對的，充其量只是「大部分會是這樣」而已。

再者，一般都認為現在的科學，不過只解開了宇宙森羅萬象的 1% 而已。就拿癌症來說，全世界都已經做過這麼多的研究了，可是人類對於癌症還是充滿無知。

因此，千萬不能盲目相信科學。但是也不能不相信。用正確的心態相信它，同時心裡明白也有例外的存在。這才是面對科學最重要的態度。

【人際關係】
抵擋他人攻擊
的科學方法

54-74

生氣的時候先忍耐10秒鐘

效果：憤怒／焦躁

—西北大學　芬克爾等多位研究員的研究—

● 抑制憤怒的前額葉需要 4 ～ 6 秒才能發揮作用

當人感到憤怒的時候，大腦會分泌腎上腺素和正腎上腺素兩種神經傳導物質，讓人變得面紅耳赤，血壓升高，心跳加速。

大腦中負責抑制憤怒的部位叫做前額葉，前額葉開始作用需要 4 ～ 6 秒的時間。換個角度來說，只要能夠熬過這 4 ～ 6 秒，前額葉就會開始產生作用，讓人能夠用冷靜的態度掌握狀況，避免發生失控抓狂的危險行為。

● 忍耐 10 秒能減少一半的暴力語言

西北大學的芬克爾等人以 936 名 15 ～ 17 歲、有交往經驗的男女為對象進行問卷調查。

在問完「過去一年內是否曾對男女朋友做出暴力行為」之後，緊接著是針對會做出暴力行為和爆粗口的人有何特徵進行調查，結果發現這些有暴力傾向的人，共通點都是自我控制力差。

研究顯示，自我控制力差的人，做出暴力行為的機率，竟然比自我控制力好的人比高出將近 10 倍！

芬克爾等人於是又做了另一項實驗，他們對 71 名 18 ～ 21 歲的受試者說了一段聽了會生氣的設想內容（交往對象劈腿），接著請受試者把聽到的當下心裡浮現的話全部說出來。實驗將受試者分成 2 組。

第 1 組 聽到之後馬上說出心裡的話
第 2 組 聽到之後，先忍耐 10 秒鐘再說出心裡的話

結果顯示，比起第 1 組，第 2 組所使用的暴力語言減少了一半以上。

這個實驗就是透過前額葉的作用來控制憤怒的情緒，可以說是大腦運作機制的利用。

下回如果壓力太大，導致一肚子怒火快要爆炸的時候，記得先忍耐 10 秒鐘。只要熬過 10 秒鐘，你就能成功控制怒氣不要爆發。

利用前額葉的特性控制不必要的怒氣

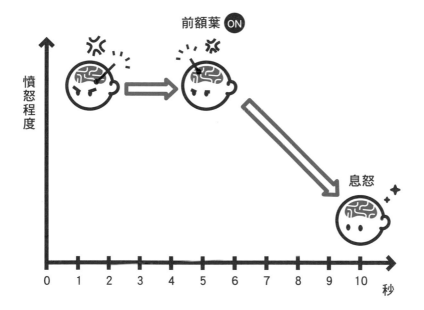

生氣的時候，先忍耐10秒再說。

生氣的時候左手馬上握緊拳頭

效果：憤怒

—德州農工大學　皮特森等多位研究員的研究—

●握緊拳頭真的能抑制憤怒嗎？

在電視劇和漫畫裡頭，生氣的人都會握緊拳頭。握拳真的能夠抑制怒氣嗎？

事實上，實驗證實，不管是左手還是右手，握緊拳頭都會改變憤怒的情緒。

進行這項「左右手哪一邊握緊拳頭才會影響怒氣？」等有趣實驗的人，就是德州農工大學的皮特森等人。

●左手握拳就能成功抑制怒氣！

研究人員先請 24 位右撇子的受試者寫文章，完成之後，用左右任何一邊的手用力握住球 45 秒，休息 15 秒之後再握一次，反覆這個動作 4 次。緊接著，研究人員帶受試者到另一個房間，把針對文章的嚴酷評語拿給受試者看，激起他們的怒氣。

接下來，研究人員讓受試者玩遊戲，速度快的人可以鳴笛嚇對手，慢的人就只能被鳴笛。

事實上，受試者一開始就有一半的機率會輸，當然這一點他們自己並不知道，實驗就是故意要讓受試者的心情愈來愈焦躁。

結果發現，<u>比起左手用力握球的人，用右手握球的人的左前額葉的活動較為活躍，也出現比較多的攻擊行為。</u>

●左手握拳會促使右腦產生作用，成功克制怒氣

研究顯示，<u>人在生氣的時候，左前額葉的活動會比右前額葉來得更活</u>

躍。這反映了左前額葉的活動跟憤怒的情緒有關，相反的右前額葉的活動則是跟迴避憤怒的害怕反應有關。

　　因此，<u>只要左手事先握緊拳頭，刺激右前額葉產生作用，自然就比較不會生氣</u>。

　　以後如果感覺自己快要生氣的時候，記得左手趕快用力握拳。顧名思義左手就是影響「憤怒管理」的關鍵。

透過左手用力握拳做好「憤怒管理」

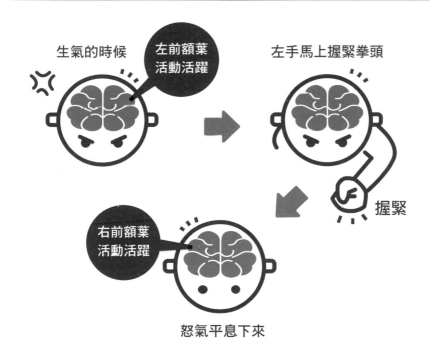

生氣的時候

左前額葉活動活躍

左手馬上握緊拳頭

握緊

右前額葉活動活躍

怒氣平息下來

生氣的時候就趕快用左手用力握拳。

重新解釋

效果：恐懼／憤怒

—史丹佛大學　布雷查特等多位研究員的研究—

●透過「重新解釋」改變感受

跟正在生氣的人相處，是一件相當勞神費力的事情，而且也會給自己帶來壓力。如何面對正在生氣的人，這可以說是一大課題。

如果想把自己「被遷怒」的機率降到最低，大家可以參考史丹佛大學布雷查特等人所做的研究。

他們將受試者分成以下 3 組，比較每一組的大腦活動。

第 1 組 看著一般沒有任何情緒的表情
第 2 組 看著憤怒的表情
第 3 組 看著憤怒的表情「重新解釋」

「重新解釋」顧名思義就是，例如看到有人生氣，就要思考「他為什麼生氣？是什麼原因讓他生氣？」學著用其他原因來（任意）解釋對方的憤怒，例如「應該是剛剛被鳥屎滴到頭吧」等。

比較之後的結果，比起其他組別，第 2 組 受試者整體來說明顯出現負面的情緒。相反的，第 3 組 跟 第 1 組 沒有特別明顯的差異。

●以「重新解釋」促使大腦的其他部位開始活動

再從大腦活動來看，出現負面情緒的時候，大腦的枕葉的活動比較明顯。可是經過「重新解釋」之後，變成額葉的活動比較活躍，枕葉反而會冷靜下來。

邏輯思考使用的是前額葉的部分。「重新解釋」的時候，大腦的能量會集中到額葉，因此跟情緒反應有關的枕葉就會降低活動。

　　下回遇到正在生氣或是鬧脾氣的人，記得<u>從自己以外的其他方面去思考對方生氣的原因</u>，例如「一定是今天早上被家人拒絕了」，別讓自己的情緒受到波及。如果能想出一個搞笑的原因，說不定還會覺得有趣呢。

　　面對自己的憤怒也是一樣，例如被擦肩而過的人撞到，如果知道對方其實是個視障者，當然就不會跟對方生氣。同樣一件事情，只要改變自己的解釋方式，心情就會跟著大不同。也就是說，<u>隨著事物的「解釋方式」不同，每個人都能成功地閃避壓力</u>。

藉由「重新解釋」避開壓力

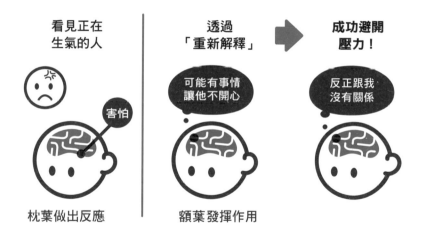

看見正在
生氣的人

害怕

枕葉做出反應

透過
「重新解釋」

可能有事情
讓他不開心

額葉發揮作用

成功避開
壓力！

反正跟我
沒有關係

遇到正在氣頭上的人，
就隨便想個導致對方生氣的原因吧。

不要自我設限

效果：好感度

—紐約州立大學　艾倫的研究—

●表現出害羞、怕生的樣子，會讓自己的好感度降低

日本人經常在一見面的時候就先告訴對方「我個性比較害羞，所以……」，一開始就先表明自己害羞的個性，希望對方能諒解接下來可能出現的冷場氣氛。

一般人都認為這麼說的話，雙方就不需要為了聊天費盡心思。不過有研究指出，這種行為「反而會影響對方心裡的好感和親密度」。

這是由紐約州立大學的艾倫等人所做的研究，對於不擅人際關係的人來說，這項研究結果可以說知道了絕不會吃虧。

實驗將受試者分成男女兩人一組，或是女女一組，進行 15 分鐘的聊天對話。受試者被分成兩組，分別使用研究人員提供的兩種不同內容的聊天手冊，A 組使用的是不斷展現自己、盡量拉近跟對方距離的聊天手冊，B 組的手冊則是一些盡量避免聊到自己的內容。

對話結束之後，受試者接著進行彼此親密度的心理測驗，結果發現，A組的親密度高出了約 2 成。

表明自己害羞、怕生的個性，等於是主動跟對方保持距離，拒絕表現自己。這就跟 B 組使用的手冊內容一樣，雙方的關係當然就難以變得親密。

●自我設限只有壞處沒有好處

日本文化一向視謙虛為美德，「我個性比較害羞，所以……」這種表達方式也是一種謙虛的表現，只不過，這種說法就像是在告訴對方「你不需要勉強跟我聊天沒關係」、「我不太會聊天……」，預先打預防針，為接下來聊天可能出現的失敗找藉口。這種行為就稱為「自我設限」（self-handicapping）。

自我設限雖然是一種出自維護自尊的行為，但是由於給自己設下了限制（＝藉口），反而讓人無法面對自己、改變自己。

　　再者，「我個性比較害羞，所以……」這種謙虛的說法，有時候聽在對方耳裡，可能會認為你的意思是要他盡量多說話。

　　另一種常見的自我介紹方式是，因為缺乏自信，所以用自嘲的方式介紹自己。這種自嘲的作法很容易給人「自我感覺良好」的感覺，或者是讓人覺得驕傲、自我優越而產生反感，最後露出馬腳反而讓自己更難堪。

　　不想讓人際關係變成一種壓力，謙虛的態度加上適當地表現自己，也許才是最好的作法。

抗拒表現自己會讓人難以靠近

我個性比較害羞，所以…

沉默

這樣啊…

你能不能多說一點話？

那還是別找他聊天好了…

過度謙虛，或者是說話習慣自嘲的人，
趕快檢視一下自己是不是自我設限了。

不勉強裝出笑容

效果：難過

—香港科技大學　穆霍帕德海耶等多位研究員的研究—

●不常笑的人，死亡率是笑口常開的人的 2 倍

在一般人的觀念裡，笑口常開可以讓自己遠離壓力、常保健康。事實上，山形大學醫學院曾經針對「笑的頻率與死亡及疾病風險的關係」做過調查，證實了這一點。

他們收集了大約 2 萬人的檢查報告，以山形市等七個縣市 40 歲以上的居民為對象，到 2015 年為止一共花了 7 年的時間進行調查。

結果發現，有 36% 的人「幾乎每天」都會大笑，相對的「不太笑」的人數大約是 3%。這些幾乎不太笑的人，比起笑口常開的人，死亡率竟然高出了約 2 倍，腦中風或心血管疾病的風險也比較高。

韋恩州立大學所做的研究也顯示，笑口常開的人壽命比一般人多了 7 年。

笑口常開的人和幾乎不太笑的人的死亡率

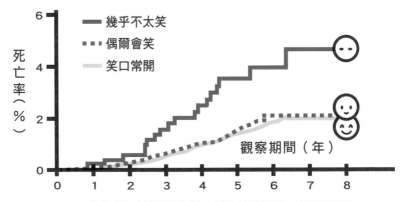

出處：笑的頻率與全因死亡率及心血管疾病風險的關係：山形縣世代研究

●難過的時候勉強自己笑，只會更難過

不過，難過的時候如果勉強自己笑（包括假笑），有時候反而會帶來反效果。香港科技大學的 Anirban Mukhopadhya 等人的研究顯示，**做出違反自己情緒的笑容，會讓情緒變得更低落。**

研究人員針對人一天當中平均會笑幾次，以及笑的原因進行調查，發現**笑所帶來的效果，並非全都是正面的，而是會受到笑的原因所影響。**

他們的實驗透過各種方式來進行，包括：讓受試者看有趣的照片，要求受試者覺得好笑就笑出來；列出過去因為感覺幸福而展露笑容的時刻；回答「今天你笑了幾次？」「你覺得自己是不是一個笑口常開的人？」等問題。

●笑的原因會影響到情緒

研究人員再針對這些調查進行統合分析，結果發現，對於相信「笑是反映幸福快樂的行為」的受試者而言，笑能為他們帶來正面的效果。可是，被灌輸「笑容能帶來幸福快樂」的受試者，笑反而讓他們變得更不快樂。

平常幾乎不太笑的人，如果勉強自己擺出笑容，等於是不斷地告訴自己：「我正在假笑」、「我現在一點也不快樂」，反而使得心情變得更差。

> 隨時保持笑口常開，
> 可是難過的時候，就別再勉強自己笑了。

不勉強自己一定要樂觀積極

效果：負面思考／沮喪

—密西根州立大學　莫瑟等多位研究員的研究—

● 勉強自己樂觀思考，反而會造成大腦過熱而當機

對於負面思考或是情緒低落的人，大家總是會忍不住說些鼓勵對方樂觀積極的話，像是「你要加油！」「你一定可以的！」等。

可是，密西根州立大學的莫瑟卻提醒，這麼做反而會使得對方更消極。

莫瑟等研究人員找來 71 名女性受試者，先詢問她們認為自己是正面思考還是負面思考的人，接著讓她們看一些「蒙面男以刀子抵住女子喉嚨」等負面的影像，請她們針對這些影像盡可能做出正面、樂觀的解釋。

同時，研究人員透過電腦斷層掃描來觀察受試者大腦的血流反應。

結果顯示，覺得自己屬於正面思考的受試者，大腦的血流反應幾乎看不出任何變化。相較之下，認為自己是負面思考的人，大腦的血流反應反而非常明顯。

這是因為負面思考的人在面對這種情況的時候，大腦會開始不停地運作、思考。

也就是說，**勉強自己對悲觀的情況或是感受做出肯定、樂觀的想法，只會造成大腦產生混亂而出現類似過熱的狀況。**

● 別用正面積極的話鼓勵負面思考的人

這種大腦試圖努力要修正訊息，卻反而強化了訊息本身的情形，稱為「逆火效應」（**backfire effect**）。

對習慣負面思考的人說「你要積極一點才行！」，會使得他們想要改正自己的思維方式。

可是，這會造成跟他們原本習慣否定方式的想法產生矛盾，結果反而變得更負面。

前面 34 頁也有提到，心理矛盾會導致人變得更憂鬱。

假使你身邊重要的人跟你抱怨或是詢問你的意見，為了避免產生逆火效應，記得一定要先肯定對方，你可以這麼說：「也許有人也跟你一樣是這麼想的。」

記住，用積極的說法鼓勵陷入消極的人，假如對方原本就是個負面思考的人，這麼做很可能會促使對方陷入自我矛盾當中。

同樣的，如果你是個習慣負面思考的人，最好不要勉強自己變得樂觀積極，可以利用本書介紹的紓解壓力的方法，一個一個嘗試，從中找出適合自己的方法去做就行了。

為什麼不能用正面積極的話鼓勵負面思考的人

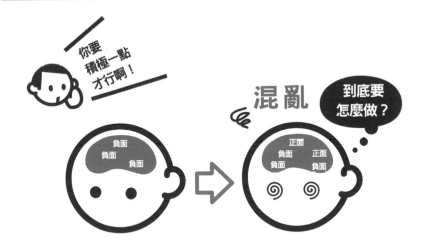

負面思考的人，不必勉強自己變成積極正面的人。
也不要用積極的話鼓勵負面思考的人。

別理會自以為是的人

效果：焦躁

—康乃爾大學　克魯格和達寧的研究—

●沒用的人，愈無法承認自己的沒用

有些人動不動就會擺出一副自以為是的態度去對待他人、評論他人。跟這類型的人相處，有時候壓力非常大。

不過，就像康乃爾大學克魯格和達寧的實驗結果所顯示的：「能力不好的人總是自以為是」，沒有用的人通常都不認為自己是個沒用的人，這是經過研究證實的現象。

●調查顯示能力不好的人愈會自以為是

這項調查研究內容包括幽默感、文法、邏輯思考三項測驗。

舉例來說，在幽默測驗當中，研究人員讓 65 名大學生受試者讀 30 則笑話，請他們為這些笑話的好笑程度評分。

此外，還要回答「你覺得自己對幽默的理解力在同年齡的人當中的排名為何？」，為自己的幽默程度打分數。

結果顯示，實際上在幽默感測驗中分數愈低的人，反而愈覺得「自己是個幽默的人」。

有趣的是，成績在最後 25% 以下的人，幾乎都認為自己的成績是落在「前 40% 左右」，明顯高估了自己。相反的，實際成績在前 25% 的人卻都低估了自己，認為自己只落在「前 30% 左右」。

換言之，這個實驗結果暗示著不懂謙虛的人愈是傲慢。

另外，針對「你覺得自己的開車技術是否比一般人好？」的問題，有 70% 的人回答「是」。所以可以說，大部分的人都認為「自己的開車技術很好」、「其他人的開車技術都不如自己」。

• 為什麼有些人明明沒有能力，卻自以為了不起？

為什麼很多自以為是或是空有無謂的自信的人，都是一副自以為了不起的態度呢？

其實，這是因為這些人客觀審視自我的「後設認知」（Metacognition）功能沒有發展完成，所以不需要被這種人說的話或是批評影響，否則只是浪費時間和精力罷了。

總之，只有虛心地不斷自我修養、自我精進，才是聰明的作法。

自以為是的人，通常能力都不怎麼樣

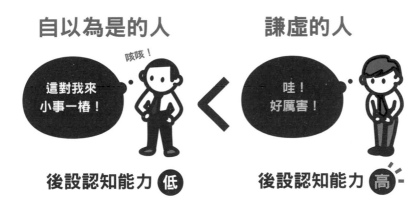

自以為是的人　　　　　　謙虛的人

咳咳！

這對我來小事一樁！　　哇！好厲害！

後設認知能力 低　　　　後設認知能力 高

＝謙虛的人，能力通常比自以為是的人還要好

不論是自以為是的人、態度傲慢的人，還是自以為了不起的人，
不過都只是「缺乏客觀審視自我能力的人」。

絕對不以怨報怨

效果：憤怒／焦躁

—康乃爾大學　雷根的研究—

● 人會用跟對方一樣的態度來回應對方

　　過去有一陣子很流行一個說法叫做「加倍奉還」，意思是在工作或是生活上遭受不平的對待，人就會不由自主地想要反擊。

　　心理學上也有個概念叫做「互惠原理」，指的是**隨著對方表現出善意、惡意、退讓、自我揭露等各種態度，自己也會以相同態度回應對方。**

　　康乃爾大學的雷根做了一項實驗，證實了人都有「互惠原理」的傾向。他以「藝術鑑賞」的名義找來了幾位受試者，另外又安排了一個人假裝是參加者，混入受試者當中，然後以「受試者＋暗樁」的方式，兩人一組進行藝術品的評論。這時候，受試者被分成以下 2 組。

　　　第 1 組 在評論作品的空檔休息時間，擔任暗樁的人主動請受試者一杯 10 分錢的可樂

　　　第 2 組 在評論作品的空檔休息時間，擔任暗樁的人什麼事情都沒做

　　等到鑑賞結束之後，擔任暗樁的人主動告訴受試者：「其實我是賣彩券的，頭獎可以刮中一台新車，不知道你願不願意幫我買幾張彩券，一張只要 25 分錢。」結果，被請喝可樂的 第1組 ，比什麼都沒有拿到的 第2組 ，**多了2成的人最後買了彩券。**

● 自己先展現親切，對方也會用親切的態度做回應

　　這項實驗是個非常好的例子，說明了善意的互惠原理。透過這個實驗結果可以很清楚地知道，以人的心理運作機制來說，「**自己先付出，然後再跟對方提出大的要求，會比較容易被接受。**」

換言之，親切、鼓勵等都是屬於善意的表現，所以當自己親切待人，或是以溫柔的言語鼓勵對方，自己也會更容易得到同樣的對待。

除了善意以外，「互惠原理」也會發生在負面的惡意行為上。

意思就是說，敵意和惡意也會反過來回到自己身上，因此如果自己做出惡意的態度，結果只會得到對方不太友善的回應。

同樣的，若是對方擺出討人厭的態度，自己也用「以牙還牙，以眼還眼」的方式做出同樣的態度，這麼一來只會讓充滿壓力的關係無止境地不斷延伸下去。

現實生活不是電視劇，「以牙還牙，加倍奉還」可是萬萬不可的作法。

隨時提醒自己「互惠原理」

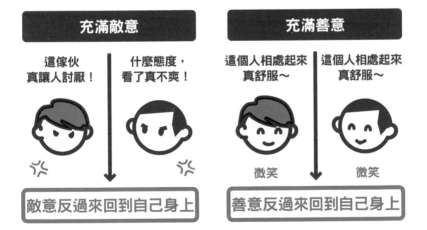

＝互惠原理

謹記「互惠原理」，不希望別人對你做的事情，
自己也不要那麼對別人做。

找個瞭解自己的人

效果：同儕壓力

—斯沃斯莫爾學院　阿希的研究—

●若是不想屈服於同儕壓力，只要找個瞭解自己的人就行了

　　即便擁有堅強的信念，卻還是感覺快被身邊的壓力給擊垮……這確實是會累積壓力的情況。

　　有個很有名的實驗叫做「阿希的從眾實驗」，研究主持人是斯沃斯莫爾學院的阿希，這個實驗也揭露了人都有服從多數人的意見，或是配合身邊的人的反應的心理。

　　阿希出示兩張紙給受試者看，一張畫著一條基準線，另一張畫了三條不同長短的線條，要求受試者從第二張裡頭找出跟第一張的基準線一樣長的線條。實驗條件包括以下幾項：

・7 個人為一組，每一組進行 12 次
・7 人當中有 6 個人是安排好的暗樁，真正的受試者被排在第 7 個回答
・6 名暗樁在 12 次的測驗當中，有 7 次是所有人做出一致的錯誤回答

阿希的從眾實驗

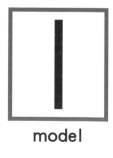

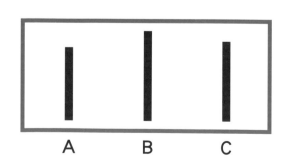

model　　　　　A　　　B　　　C

請從右邊的線條當中，找出跟左邊線條一樣長的那一條。

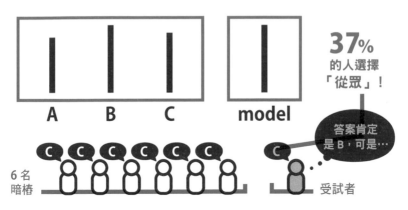

37% 的人選擇「從眾」！

答案肯定是 B，可是…

6 名暗樁

受試者

結果，有 37% 的受試者會做出錯誤的回答，其中最多人的是 6 名暗樁都做出一致的錯誤回答的時候。只要有一名暗樁的答案是正確的，受試者答對的機率就會跟著提高。

從這個結果可以知道，**就算自己原木是對的，可是同儕壓力之下，最後還是會跟著多數人的意見做決定。**另一個重點是，**即便自己是少數派，不過只要有人跟自己一樣，就比較容易說出自己真正的想法。**

人都會害怕做出跟他人不同的行為，對於跟他人同調感到放心。「阿希的從眾實驗」可以說清楚揭露了這種人人不確定性，同時也傳達了一個事實：一個人要以「奇怪的人」的存在生存在這個社會上是很困難的一件事。

反過來說，如果能找到一個完全瞭解自己的人，人就會有自信去採取行動。在阿希的實驗當中，**當有一個人每一次的答案都跟受試者一樣（＝同伴），受試者的從眾機率就會降低到只剩 5.5%**，離正確答案愈來愈接近。

因此，不瞭解你的人，只是無意識地順從多數人的意見，真正重要的是要找到能夠完全瞭解你的人。

> 記住，就算有再多人反對你的想法，
> 但是只要有一個人瞭解你，你就有辦法付諸行動。

不要在意他人的批判

效果：批判／沮喪

—退役軍人心理健康局　佛瑞的研究—

●為什麼我們會覺得占卜師說的話都很準？

被罵「你是個沒用的人！」，很多人會因此感到沮喪，覺得「我果然是個沒有用的人」。

可是仔細想想，每個人都有「沒用」的缺點，所以聽到「你是個沒用的人」這句話，幾乎大部分的人都能在自己身上聯想到被說中的地方。

就像如果占卜師說：「你是個謹慎、認真的人，只是某些時候會冒冒失失的。不過，其實你隱藏著驚人的野心，而且也有一顆重視每個人的溫柔的心。」應該每個人聽完都會覺得「自己就是這樣沒錯」，對吧？

●覺得很準的「巴納姆效應」

這種「適用在每個人身上的曖昧說法，聽完卻覺得就是在說自己」的心理現象，稱為「巴納姆效應」（Barnum effect）。

這是二十世紀中期一位名叫伯特蘭‧佛瑞（Bertram Forer）的心理學家所做的一項實驗。

實驗找來學生進行心理測驗，結束之後將分析結果發給每個人看，可是，其實每個人拿到的結果是一樣的內容，透過這種方式來觀察學生們的心理狀態。

這份分析結果的內容包括「你雖然在個性上有缺點，不過大多時候你都能處理得很好」、「你還有很多尚未開發的潛能」等適用於每個人的說法。

接著，**佛瑞要求學生們針對「你覺得這份分析結果是否準確」的問題，以 1～5 來評分，最後得到的結果平均為 4.26 分。**

有意思的是，幾乎所有人都覺得這份分析結果說得很準，而且愈是對自己有利的內容，大部分的人都會認為說得一點都沒錯。

●因為被否定而感到沮喪，其實是「巴納姆效應」在作祟

　　聽到曖昧不明的說法，一般人都會覺得是在說自己。因此，面對一些缺乏具體指摘、可能是指任何人的批判意見，例如「你真沒用」、「你太天真了」，根本沒有必要放在心上。相反的，如果是一些聽了會開心的話，就大方地接受吧。

　　人很容易隨著他人的說法而搖擺，因此，下回在聽到他人對自己的批評時，只要告訴自己「每個人不都是這樣嗎」，當作沒這回事就行了。

每個占卜師都會的「巴納姆效應」

在為了他人的批評感到沮喪之前，先仔細想想對方說的話，
確認自己是不是掉入巴納姆效應的陷阱了。

說話盡量積極正面

效果：疼痛／心理韌性／好感度／幹勁

—南丹麥大學　維克托等多位研究員的研究—

●說話積極正面能夠提升忍耐疼痛的能力

太累或是壓力太大會使人心情焦躁，不知不覺地說話也跟著變得負面消極。不過，根據南丹麥大學的研究，**「說話積極正面有助於提升忍耐疼痛和身體不舒服的能力」。**

進行這項研究的維克托等人，讓 83 名受試者分別讀以下 3 種不同語氣的說明文。

①「語氣正面的說明文」
②「語氣負面的說明文」
③「語氣中立的說明文」

讀完之後接著做深蹲運動，結果發現，**讀過說明文①的人，大腿肌的耐力提高了 22%**，相反的**讀了說明文②的人則降低了 4%**，甚至還引起痛覺過敏。

由此可見，說話負面會讓心情變得更差，也更容易感覺疼痛。

●每個人都會不小心掉入「消極偏見」的陷阱

事實上，人本來就有「消極偏見」（negativity bias）的傾向。

也就是說，**比起正面訊息，一般人更容易注意到負面的訊息。**

而且也會記得比較清楚。

最好的證明，就是斯沃斯莫爾學院的所羅門·阿希所做的實驗。

他請受試者針對某個人物進行評論，並且準備了以下兩種不同的說法提供受試者參考。

A：聰明，手巧，勤奮，溫和，有果斷力，有行動力，謹慎

B：聰明，手巧，勤奮，冷淡，有果斷力，有行動力，謹慎

A 和 B 兩者僅僅差在「溫和」和「冷淡」。

然而，看過 A 說法的 90 位受試者，最後做出來的評價都非常高，包括「親切」、「善於交際」、「風趣」等。相對於此，看過 B 說法的 76 位受試者，最後的評價整體來說都偏低。

可見光是一個負面的說法，給人的印象就差了這麼多。

●說話負面會讓別人對你的評價變差

負面的說詞會吸引他人的注意，因此，只要說了一句負面的話，旁人對你的評價可能就會變差。

相反的，正面的言語能讓人更有動力和幹勁，甚至體力也會變好，所以不只是對他人，對自己也要盡量用積極正面的方式說話。

平時多練習把負面說法換成正面的語氣說話。

CHAPTER5

人際關係

65

別在乎權力者的言行

效果：氣憤／悶悶不樂

—蒂爾堡大學　拉梅爾等多位研究員的研究—

●權力者都缺乏同理心

自己的意見總是不被上面的人接納。這種讓人感受到壓力的經驗，相信大家多少都曾經經歷過。

不知道該用悲哀還是有趣來形容，根據蒂爾堡大學拉梅爾等人針對權力和同理心的研究指出，**人在擁有權力之後，通常都會喪失同理心。**

這項實驗將 61 名大學生分成以下 2 組。

[第 1 組] 在接受測驗之前，先回想自己擁有權力時的感覺

[第 2 組] 在接受測驗之前，先回想自己沒有權力時的痛苦

接著，研究人員請每組中一半的受試者擲骰子，根據擲出的數字來決定最後得到的獎賞。

每個人都必須說出自己擲到的數字，不過可以自由決定要不要說謊。也就是說，想說謊的話也行。

至於另一半沒有擲骰子的受試者，研究人員只問了他們一個問題：「你是否容許浮報交通費的行為？」

●權力者容許自己說謊，卻容不下說謊的人

結果很明顯地，根據擲骰子的結果決定獎賞的人當中，[第 1 組] 回想起權力感的人，比 [第 2 組] 回想起無權力感的人，說謊的比例更高。

至於另外一半被問到浮報交通費問題的人，[第 1 組] 比 [第 2 組] 的回答要來得更加強硬。

這個結果顯示出人在擁有權力之後，不但會喪失同理心，對自己的行為變得寬容，卻用更加嚴格的態度看待他人的行為。

　　這些大學生僅僅只是「回想擁有權力時的感覺」，就得到這樣的結果，可想而知，那些每天擁抱權力的上位者，很可能視自己為至高無上的存在。

　　不論是政府人物也好，組織的上位者也好，這些人之所以聽不進去旁人的意見，原因就在於他們根本就缺乏同理心。

　　因此，沒有必要為了權力者的言行而給自己壓力，苦惱為什麼自己的意見始終不被採納。應該告訴自己，權力者本來就缺乏同理心，把心力放在其他地方，才是聰明的作法。

缺乏同理心的「權力者的思維」

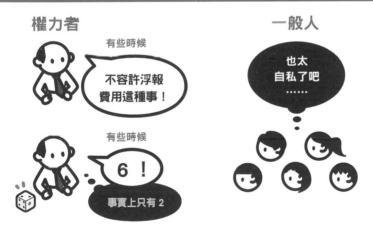

不要因為上位者的言行而給自己壓力，
要瞭解他們就是這種人，把心力放在其他地方吧。

讓對方的攻擊失去作用

效果：批評／人身攻擊

—北海道大學　尾崎等多位研究員的研究—

●把負面變成正面的「無效」技巧

我想這個世界上，應該沒有人遭受否定和拒絕卻不會難過的吧。到底該怎麼面對他人的惡意言語呢？這種時候，大家可以參考北海道大學尾崎等人所提出的「無效化」的思考方式。

無效化是以語言學當中的「言語行為理論」（speech act theory）為基礎的一套方法，也就是我們說話的同時也構成了某個行為。例如「你好」這句話代表了「打招呼」的行為，同樣的，「對不起」這句話代表的是「道歉」的行為。

所謂無效化，意思就是將對方說的話所代表的「攻擊性行為」，透過自己的發言轉換成其他「行為」，使對方的話失去攻擊的效果。

●足球選手三浦知良把敵方變成朋友的「無效」技巧

舉例來說，最好的例子就是日本足球選手三浦知良的發言。

前職棒選手張本勳曾在某個電視節目上，對仍活躍在球場上的三浦知良公開喊話：「該讓位給年輕選手了。足球是團隊運動，你一直佔著位子不讓，底下的年輕球員根本沒有機會出頭，所以還是趕快引退吧。」

這樣的發言引發了眾人的批評，包括「多管閒事」、「倚老賣老的人別亂講話」等，就連媒體也爭相討論。

不過，當事人三浦知良的回應卻是：「能夠被張本前輩點到名，實在是我的榮幸。我想他的意思應該是要我『再加把勁、努力一點！做到讓我對你說『你可以不必引退！』。」換言之，他把對方「侮辱」的言語解釋成「激勵」，使對方的攻擊力瞬間消失。這麼一來，對方若還繼續攻擊，只會讓自己丟臉而已。

三浦的回應獲得眾人一片好評，就連張本勳自己也十分讚賞，讓事件順利落幕。這可以說是讓對方的攻擊失去作用最好的例子。

近來在推特等各個社群媒體上，透過文字誹謗他人或是進行人身攻擊的例子愈來愈多。甚至在現實生活中，也許身邊就有在背後說自己壞話的人。若是把這些都看作負面，只會給自己帶來更多壓力。

學會削減對方攻擊力的「無效化」這種「護身術」，才是還給自己一個不受壓力迫害的暢快生活的重要關鍵。

「無效化」的最佳例子：三浦知良的發言

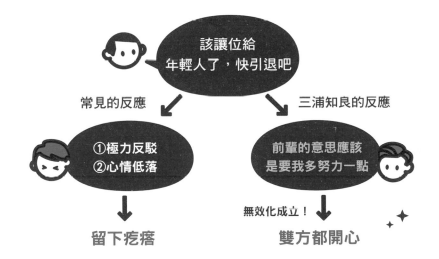

若是遭受他人批評或是人身攻擊，
試著透過說話的技巧，讓對方的攻擊變得「無效」。

八面玲瓏又何妨

效果：衝突／矛盾

—立命館大學的佐藤和帶廣畜產大學的渡邊的研究—

●人天生就會八面玲瓏

人經常會自我分析，例如「反正我這個人就是○○……」「真正的我其實○○……」等。

有時候甚至覺得，視對象改變態度的自己是個毫無骨氣、八面玲瓏的人。

然而，立命館大學的佐藤和帶廣畜產大學的渡邊提出一個「角色性格論」的說法，主張**「人在生活中會不停變換各種角色，連帶行為和性格也會跟著改變」**。

人會根據和對方的關係，以及當下的情況，快速地變換自己的性格。舉例來說，「跟家人說話」和「跟同事說話」，兩者由於對象不同，所表現出來的性格當然也不一樣。

性格包含主要有以下 3 種角度。

1 自我認知的性格＝第一人稱的性格（自認為的性格）

2 跟往來的他人之間的關係底下的性格＝第二人稱的性格（在家人、朋友、同事面前所展現出來的性格）

3 在第三者眼中的身分所展現出來的性格＝第三人稱的性格（以部長、業務、父親等頭銜的身分所展現出來的性格）

其中尤其是第二人稱的性格，一般稱為多重角色，也就是說，人會隨著人際關係和環境來隨時改變自己的角色。

有些人會因為他人的一句「你這個人真是的見人說人話，見鬼說鬼話」而感到受傷難過。

可是，人本來就是隨時切換不同角色在生活，這是再正常不過的事情，因此沒有必要對這種揶揄嘲諷過度在意。

●想要改變性格，先試著從環境改變起

佐藤和渡邊另外也提到，「如果覺得自己的性格沒有多大的改變，那就不是自己的問題，而是環境的問題，或者也可能是被賦予的身分的問題。」

此外，假使環境和身分已經固定，相對地性格通常也不會有多大的變化。換言之，**想要改變性格，環境的變動是不可或缺的條件。**

如果認定「反正我這個人就是○○……」等，很可能也會限制了自己的可能性。

告訴自己，認識不同的人，嘗試全新的環境，這些都是發現全新自我（角色）的機會。

角色性格論

1 第一人稱的性格　**2** 第二人稱的性格　**3** 第三人稱的性格

自認為　　　　　在家人和朋友面前　　　在公司裡

認真　成熟

風趣　童心未泯

霸氣！　好勝！

人隨時都在 **3** 種不同角色之間做切換

不要限制了自己的性格，就算八面玲瓏又何妨。
如果想要改變性格，就先從改變環境開始。

就算被當成空氣也別在意

效果：焦躁／不安／憤怒／難過

—紐約大學的達利和哥倫比亞大學的拉坦納的研究—

● **不是你被當成空氣，一切都是因為「旁觀者效應」**

近年來，大家經常都是透過數位裝置來聊天對話。

明明已經看了訊息卻沒有回覆的「已讀不回」，或者是根本不看的「不讀不回」等，這些每個人多少都有經驗的情況，也成了許多人的焦慮來源。

或者，在大家一起組成的群組聊天室裡，倘若自己說話卻沒有人回應，相信有些人一定會擔心「自己是不是被排擠了？」「是不是說了什麼不該說的話？」。

事實上，這種情形很可能單純只是所謂的「旁觀者效應」所導致的結果。

「旁觀者效應」的意思是指，覺得「就算自己沒有行動，其他人應該也會有所行動」而選擇不行動的心理作用。

● **旁觀者人數愈多，愈沒有人會採取行動**

紐約大學的達利和哥倫比亞大學的拉坦納曾經做了一項「旁觀者效應」的實驗。

實驗安排在所有受試者進行討論的時候，突然其中一個人癲癇發作倒地，藉此觀察受試者會採取何種行動。

另外也透過增加和減少受試者的人數，觀察是否會影響受試者的行動。

結果顯示，當有人癲癇發作時，假使除了自己以外還有其他人在場，大家的責任心就會變弱，也不會在第一時間立刻通知研究人員。

非但如此，透過實驗很明顯地可以發現，在場除了自己以外的人愈多，自己就愈不會出手幫助。

　　在身邊沒有其他人的情況下，每個受試者都在第一時間就通知了研究人員。可是相反的，在還有其他 4 個人的情況下，竟然有將近 4 成的人完全不會通知研究人員。

　　由此可知，在群組聊天室裡沒有人回應也是正常的。只不過，被當成空氣還是挺難受的就是了。

　　至少自己可以養成「別人不做我來做」的習慣，隨時提醒自己「不要認為應該會有人出手幫忙」。

　　善有善報。這份善心總有一天一定會以好的形式回報到自己身上。

旁觀者效應

人數少的時候	人數多的時候

你還好嗎？

噘噘喳喳

大家都覺得
有人會出手幫忙

主動伸出援手　　**結果沒有人行動**

養成習慣在覺得「應該會有人出手幫忙」的時候，
自己先主動伸出援手。

別盯著心情不好的人看

效果：不安／恐懼／憤怒

—美國國家衛生研究院　哈黎里等多位研究員的研究—

●看著他人負面情緒的表情，會讓人壓力增加

工作時面對說話充滿負面能量的人，或是看到他人一副心情不好的樣子，自己的心情也會變得很差。

美國國家衛生研究院的哈黎里等人研究發現，**「看著他人負面情緒的表情，自己的壓力也會增加」**，證實了這一點。

實驗透過讓受試者看一些充滿不安、恐懼的照片，觀察大腦杏仁核的反應。杏仁核是主宰不安、恐懼等負面情緒的部位。

研究人員分別讓受試者看以下 3 類的照片。

> 第 1 類 人類的恐懼、憤怒等表情
> 第 2 類 動物和昆蟲等自然界的可怕事物
> 第 3 類 對準自己的手槍、交通事故、爆炸等人為的可怕事物

結果發現，只有在看 第 1 類 照片的時候，杏仁核才會出現激烈反應。

也就是說，**人就連看到他人的負面情緒表情，自己也會出現負面情緒的反應。**

●跟消極的人在一起愈久，自己也會變得消極

夏威夷大學的哈特菲爾德等人也透過相關的研究證實：**「跟消極的人相處愈久，自己也會產生同樣的想法。」**

研究顯示，跟消極的人在一起，自己會跟著模仿對方的臉部表情、姿勢，甚至是包括聲音和動作。

換言之，「人很容易受到他人的負面言行和心理狀態的影響，下意識地模仿起對方來。」

在 148 頁也提過，人本來就很容易被負面的事物吸引（＝消極偏見），假設同時面對正面和負面的事物，就只會注意到負面的那一方。

為了避免被負面事物「無辜波及」，最好還是跟負面事物保持距離，才是聰明的作法。

跟負面的人在一起會加速自己的負面情緒

恐懼

好可怕…

愈來愈像

恐懼

好可怕…

極力遠離那些老是一臉不開心表情的人、
說話充滿負面能量的人，以及負面思考的人。

善用鏡像神經元的作用

效果：同理心／聯繫

—帕爾馬大學　里佐拉蒂等多位研究員的研究—

●提升同理心的「鏡像神經元」的作用

人類是靠同理心緊密聯繫在一起。不擅長與人往來的人，很多時候都是因為缺乏同理心。

人類的大腦裡有一種可以說主宰著同理心的神經細胞，叫做「鏡像神經元」。

「鏡像神經元」是 1996 年帕爾馬大學的里佐拉蒂等人透過研究發現的神經元（神經細胞），除了自己以外，在看到他人的行為時，鏡像神經元也會產生作用。

「痛感」就是最容易理解的例子，看到他人疼痛難受，自己彷彿也感覺到疼痛一樣，會產生同理反應。

又或者像是事故現場之類的影片，看得連自己都覺得「好痛！」，這也是鏡像神經元的作用所引起的反應。

●人類的大腦天生具備「感同身受的機制」

倫敦大學學院的辛格等人的研究找來 16 對情侶進行實驗，觀察自己跟對方各自受到微量電擊時，大腦會出現何種反應。

實驗結果顯示，**當對方受到電擊時，自己的大腦中感知疼痛的部位也會變得活躍，就像自己也受到電擊一樣。**

換言之，人類的大腦具備如鏡子般會反射他人感受的功能，會將他人的行動視為自己的行動來做出反應。

這項能力讓我們在看到他人的危險行為時，大腦可以立刻做出「危險！」「會痛！」的判斷而提前迴避危險，因此對生存來說，是非常重要的能力。

●刺激鏡像神經元以提升同理心

人的大腦讓我們能夠和他人共享各種情緒感受。

我們會將身邊所愛的人發生的事情和感受，當成自己的事情一樣地感到歡喜或是難過。**這種感同身受的能力，在某種意義上來說，也是促使自己與他人緊密聯繫不可或缺的重要能力。**

「你在開心什麼？」「你在煩惱什麼？」像這樣關心身邊的人，就是刺激鏡像神經元產生作用的重要關鍵。

或者，試著跟身邊的人做出一樣的動作，也能有效地刺激鏡像神經元。

對方如果笑，自己也跟著笑；對方喝飲料，自己也跟著喝飲料。

跟人在一起的時候，鏡像神經元的作用愈活躍，自己和對方的關係也會變得更靠近。

善用鏡像神經元來提高感同身受的能力

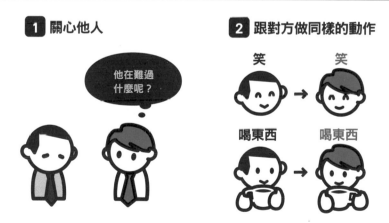

1 關心他人

他在難過什麼呢？

2 跟對方做同樣的動作

笑　　笑

喝東西　　喝東西

關心對方，跟對方做同樣動作，
藉此來刺激鏡像神經元產生作用。

捧著溫熱的飲料一起聊天

效果：好感度

—科羅拉多大學的威廉斯和耶魯大學的巴爾的研究—

● 正面思考不可或缺的意外條件

有些人會因為自己凡事都抱持著負面的想法，也做不到親切待人，於是感到自我厭惡，討厭自己。其實有個出乎意料的方法可以改變這樣的個性，那就是「碰觸溫暖的東西」。

這也許只是一個小技巧，不過科羅拉多大學的威廉斯和耶魯大學的巴爾所進行的共同研究指出，**「比起拿著冷飲，跟人相處時手裡捧著溫熱的飲料，會感覺對方比較親切」**，大家不妨參考看看。

● 手捧溫熱的飲料一起聊天，心情也會變得溫暖

這是發表在國際權威雜誌《科學》期刊當中的一篇研究報告，實驗讓41名受試者分別拿著熱咖啡和冰咖啡，對問卷上的人物進行評價。

結果發現，拿著溫熱咖啡的人，對這些人物普遍都有好的印象，包括「親切」、「體貼」等，如同手中那杯「溫暖」的咖啡。

為了避免喝咖啡產生的咖啡因攝取會影響結果，出現個別差異，所以實驗僅限於手中端著咖啡。

換言之，在聊天或是開會的時候，手裡捧著一杯溫熱的飲料，就能降低自己的負面情緒，以更正面的態度與人相處。

● 溫熱的東西會讓人更加體貼

另一個研究以「新產品體驗活動」的方式，找來53名受試者進行實驗。研究人員先分別發給受試者溫熱及冰冷的墊子，接著請受試者選禮物。

結果，拿著溫熱墊子的人，有54%選了禮物要送給家人和朋友。

另一方面，拿著冰冷墊子的人，有 75% 為自己選了禮物。

實際上，研究也顯示，<u>接觸溫熱的東西能刺激大腦的額葉，達到提升溝通能力和思考能力的作用。</u>

只要手裡拿著溫熱的東西，就能感受到他人的親切溫暖，自己也更容易用關懷體貼的心情去對待他人。簡單來說就是自己也會變得更親切近人。

拿著溫暖的東西跟人聊天，氣氛會變得更好

他好貼心～

這個人真是親切又溫暖～

聊天的時候，記得手裡捧著一杯溫熱的飲料，
讓彼此都能以平靜、正面的心情對話。

把心情表現出來

效果：互相理解／誤解

—奧勒岡大學　塔克曼等多位研究員的研究—

●隱藏自己真正的心情，只會讓自己變得討人厭

大家都希望在別人心中留下好的印象，可是有時候就是辦不到，於是心裡產生壓力……其實，這也許是你表達心情的方式不對而已。

謙虛雖然重要，可是表現自己真正的心情感受也很重要。

研究顯示，若是太在意別人，以至於不敢表現出自己真正的感受，反而更容易讓自己被討厭。

奧勒岡大學的塔克曼等人做了一項實驗，找來 4 名受試者，播放搞笑和賺人熱淚的電影給他們看。

研究人員要求其中 2 人「把心情表現出來」，另外 2 人「別把心情表現出來」，透過監視器觀察 4 人看電影時的表情。

接著，研究人員另外找來 150 位學生針對 4 人的表情做評價。

結果發現，不管有沒有事先告知這 150 人他們看的是哪一類型的電影，大家普遍覺得**看不出情緒的 2 人明顯比較嚴肅**。

大家的意見都非常負面，包括「看起來似乎不太喜歡跟人交際」、「感覺跟自己應該處不來」、「看起來心情不是很好」等。可見**沒有把自己的心情感受表現出來，給人的印象會非常糟糕**。

●透過身體來表達心情，別人會更容易瞭解

表現出自己的心情非常重要。

可是有人會說，**開心跟痛苦的表情，看起來差別根本不大**。所以，為了讓對方看出你的心情，記得要用整個身體來表現。

耶路撒冷希伯來大學艾弗勒等人做過一項實驗，把勝利的表情和失敗的表情，以及運動比賽中勝利的姿勢和失敗的姿勢，兩者隨機拼貼後給受試者看，結果，不論表情如何，大家對於勝利姿勢的圖片都給予正面的評價。

也就是說，受試者是根據圖片裡的身體姿勢來做判斷，而不是表情。

因此，在跟人相處聊天的時候，記得要表現出自己的心情，而且最好是透過整個身體的動作來表現，對方才會瞭解。

用誇張的方式表現自己的心情感受，對方才看得懂

想要擁有良好的人際關係，就把自己的心情表現出來吧，
而且透過整個身體來表現，對方會更容易瞭解。

165

讚美對方的努力，而不是能力

效果：領導能力／育兒

—哥倫比亞大學　穆勒和杜維克的研究—

・半數以上的日本學童，自我評價都非常低

　　研究指出，比起其他國家，日本人的自尊心普遍低落。

　　日本青年研究所以日本、美國、中國的國高中生為對象，針對「你認為自己是個沒有用的人嗎？」的問題進行調查，結果發現，**覺得自己沒有用的學生，美國和中國的比例都不到 20%，相對的日本的比例竟然高達 60%。**

　　自尊心低落，人當然也就沒有自信，動不動就提心吊膽。

　　那麼，該怎麼做才能增加自信呢？

●讚美對方的能力，反而帶來反效果

　　方法之一就是藉由「讚美」使人發揮優點，增加自信心。

　　可是，根據哥倫比亞大學的穆勒和杜維克的研究，並不是隨便讚美就有效果。

　　穆勒和杜維克做了以下的實驗。

　　1 先讚美學生的能力，接著讓學生做高難度的試題測驗
　　2 先讚美學生的努力，接著讓學生做高難度的試題測驗

　　結果，2 的學生測驗成績變好了，1 的學生反而變差了。不只如此，穆勒和杜維克也指出，**讚美能力也可能會讓孩子變得更提不起勁、沒有動力。**

CHAPTER 5 人際關係

●要讚美過程，而不是能力

給予讚美的時候，記得要讚美過程，而不是結果和能力。

例如，不應該說「你真聰明」，而是要說「你每天都花 1 個小時的時間念書，真的很棒」，用這種方法具體地稱讚對方努力的過程，這一點非常重要。

如果只讚美結果，孩子就會懶得努力。

這應該不是只有小孩會這樣吧。

讚美過程等於肯定對方的堅持和努力。這部分獲得肯定，下一次才會願意繼續努力。

日本學生自尊心低落的數據，也可以說正好說明了日本文化「不太會讚美別人」的弱點。

記得，讚美別人的時候，應該針對過程來給予肯定。

相對的，如果有人稱讚你的能力，也不要得意，應該虛心地繼續努力才行。

為什麼讚美過程比讚美能力有效？

讚美能力　　　　　讚美過程

讚美別人的時候，不要讚美對方的才能和結果，
應該針對對方的努力和成長等過程給予肯定。

偶爾就當作沒聽見吧

效果：焦躁

—哈佛大學　塔米爾和米歇爾的研究—

●人是一種喜歡把談話焦點擺在自己身上的生物

「我最近在做一個大型企劃案……」「下次休假我要去歐洲旅行……」這種帶有炫耀意味的自言自語聽多了，還真的會讓人愈聽愈討厭呢。

悲哀的人類，雖然程度因人而異，不過總是喜歡聊自己的事，所以才讓人討厭。

●聊自己的事會刺激大腦的獎賞系統

哈佛大學的塔米爾和米歇爾曾做過一項研究，透過約 300 位受試者的大腦斷層掃描，觀察人在聊到自己的時候，「大腦的哪個部位的活動最活躍」。

結果發現，聊到自己的事情時，大腦的獎賞系統（又稱「快樂中樞」）活動得最活躍。

換句話說，大腦會將「說自己的事情」當成「開心的事情」來做出反應。

實驗接著找來 37 位受試者，告訴他們：「只要你說到別人的事情（朋友或名人都可以），而不是自己的事，就能得到獎賞。」

然而，大部分的人還是會不由自主地聊到自己，甚至平均有將近 2 成的獎賞差一點就能拿到手。當研究人員再把條件改成聊任何話題都能得到獎賞之後，有 7 成都會聊到自己。

人所說的話當中，有 30～40% 都是在「跟對方分享自己的主觀體驗」。社群媒體上的貼文，比例甚至會高達 80%。

●滿足對方「渴望獲得肯定的心理」的聰明方法

　喜歡聊自己的事情，有一部分是希望獲得他人肯定這種「尊重需求」（esteem needs）。

　也就是說，懂得如何回應他人的「尊重需求」，就會知道如何聰明應付或是閃避那些一開口就聊到自己的人。

　由於聊自己是人類出自本能的欲求，是一件「開心的事」，因此，若是刻意打斷對方的話，很可能會破壞對方的心情，或是害得對方需求無法得到滿足。

　其實只要靜靜地聽、默默地點頭，對方就會開心。這時候不要去想「為什麼我非得聽這些不可」，可以用前面132頁介紹過的「重新解釋」的方法，試著讓自己裝作沒聽見。

　別再對對方的話一一做出反應，給自己徒增壓力了。

聰明應付喜歡聊自己事情的人的方法

面對喜歡炫耀，或是高談闊論的人，
就當對方只是極度渴望得到肯定，把他的話當耳邊風就好。

言語行為理論：
對方接收到的意思，
不只是你原本所指的意思

隨口的一句「好冷喔」，隨著聽者不同，接收到的意思也會不一樣。如果是跟朋友散步在大街上，「好冷喔」這句話就只是單純在說明當下的天氣，所以對方回應「是啊」、「真的呢」，也不會有任何問題。可是，假使這句話是發生在辦公室裡，而且說話的人是公司前輩，聽到這句話的自己就必須做出行動，例如調高空調的溫度設定等。

我們在說話的時候，除了說話的行為以外，幾乎都還同時做了其他的行為。舉例來說，說「對不起」這句話的時候，同時也做出了「道歉」的行為。又例如「我是學生」這句話，也包含了「自我介紹」及「說明」的行為。

像這樣藉由說話而發生的行為，稱為「言語行為」或者是「發話行為」。這套理論是哲學家約翰‧奧斯丁（John Langshaw Austin）所提出的「言語行為理論」（speech act theory）。

人與人的對話是一種相互作用，某一方所說的話，並非在說出口的瞬間就決定了這句話的意思。人在說話的時候，心裡一定有自己說這句話的意思，可是那都只是自己「希望對方這麼想」的想像和期望，對方不一定會接收到你希望他聽到的意思。對話中所發生的每一句話，都是在對方接收到的那一刻，才決定了它的意思。

最好理解的例子就是言語騷擾。就算自己是抱著開玩笑的意思來說，可是只要對方認為是言語騷擾，它就是言語騷擾。所以為了避免被誤解，很重要的一點是要站在對方的立場，思考自己這麼說會不會被另作解釋，尋找適合的說法來表達自己的意思。

隨時注意，用心設想，除此之外還要「小心說話」，這些都是建立良好人際關係的重要關鍵。

CHAPTER
6

【夜晚】
消除整天壓力
的科學方法

75-93

一個人唱卡拉OK

效果：心情低落／不安

—皇家音樂學院　范考特等多位研究員的研究—

●私底下自己一個人唱卡拉 OK，有減輕壓力的作用

相信大家都有這種經驗，在難過、心情低落或是壓力大的時候，只要唱歌，就會莫名地感覺心情變好了。其實這也是經過研究證實的效果。

皇家音樂學院的范考特等人做過一項實驗，讓受試者在「有觀眾（610人）」及「沒有觀眾」的情況下唱歌，然後分別透過唾液和問卷的方式測量受試者的壓力指數。

結果發現，<u>「有觀眾」的時候，受試者體內的壓力荷爾蒙皮質醇濃度，以及緊張、不安的感覺都雙雙提升，「沒有觀眾」的時候反而呈現下降。</u>

在眾人面前唱歌確實會讓人緊張，而且也會有壓力。相反的，獨自一個人盡情地唱歌就快樂多了。現在很流行一個人唱卡拉 OK，這對消除壓力來說，效果可是非常好。

●合唱會刺激幸福荷爾蒙增加分泌

西密西根大學的基樂也透過研究指出，<u>「大家一起唱歌不只會刺激幸福荷爾蒙增加分泌，而且會覺得跟大家變得更親近。」</u>研究已經證實，大聲唱歌會使得「壓力荷爾蒙皮質醇」減少分泌，幸福荷爾蒙「催產素」的分泌增加。

●行動時喊出聲音可以提升表現

關於發出聲音，還有一個研究是里昂大學的拉帕希等人所做的實驗。他們讓受試者接受垂直跳高的測驗，而且在起跳時要大喊「JUMP ！」，結果顯示這麼做平均可以多跳 5 公分高。

這是因為喊出聲音，人自然會感覺到更有動力，更容易發揮出原本的能力。所以，在準備投入做事情之前，不妨先試著喊出聲音。像是日本桌球選手張本智和在比賽中會大喊「秋咧（チョレイ）！」，就有自我激勵的效果，這一點在科學研究上也已經得到證實。

壓力太大，或者是想提升表現的時候，就喊出聲音吧。這種方法既不需要任何道具，而且每個人都能輕易就辦得到。

藉由不同的發出聲音的方法，達到「減輕壓力」與「提升表現」的不同效果

**想減輕
壓力的時候**

一個人
唱卡拉 OK

**想提升
表現的時候**

JUMP!

喊出
聲音來

壓力大的時候，可以邊泡澡邊唱歌，
或者是一個人去唱卡拉OK，或者是跟大家一起歡唱也行。

別自己一個人喝悶酒

效果：憤怒／不安

—東京大學大學院藥學系研究所　野村、松木的研究—

●喝悶酒會讓不好的記憶變得更加深刻

壓力大的時候，人就會不由自主地想喝悶酒。只不過，東京大學大學院的野村和松木研究證實，「喝悶酒反而更忘不掉討厭的事情和心情」。

喝酒會讓人變輕鬆，心情也感覺輕飄飄的。可是如果喝太多就不是這樣了。

這項實驗先將老鼠電擊，接著再注射酒精，觀察老鼠會出現何種反應。結果發現，老鼠非但沒有忘記被電擊的事，反而變得更害怕、更膽小。可見討厭、不好的記憶變得更加深刻了。

●常喝酒會導致忘掉討厭記憶的能力變差

另外，根據美國國家衛生研究院的霍姆斯等人的研究：「經常性飲酒會導致忘記討厭記憶的能力變差」。

綜合上述的幾個實驗結果，喝酒會讓討厭的記憶記得更清楚，而且更難忘記，的確很麻煩。換言之，本來是為了逃避壓力才喝酒，結果卻反而害自己更痛苦。

●酒精也有正面效果

只不過，酒精也有它的正面功效，並非只有壞處。

格拉茲大學的貝內克等人找來 70 位受試者做了一項實驗，結果發現：「創造力低落的人，喝了酒之後創造力會明顯提升。」

實驗將 40 位男性分成兩組，其中一組沒有喝酒，另一組喝了 1 瓶左右的啤酒，接著分別進行有關任務執行力與創造力的測驗。比較兩組的成績後發現，有喝酒的人比沒有喝的人成績要來得更好。

●適量飲酒有助於提升創造力

研究人員認為，這是因為平時大腦的工作記憶會自動篩選過濾需要和不需要的訊息，可是攝取酒精會造成這項能力變差，以至於<u>平時會被過濾掉的訊息如今被留了下來</u>，這些全新的訊息經過組合，便激盪出全新的靈感。

換言之，<u>1～2瓶啤酒左右的酒精攝取，能夠適度地激發人的創造力。</u>因此，下回喝酒的時候，記得要適度品嘗就好。

喝酒的優缺點

| 飲酒過量的話⋯⋯ | ・心情變得更差
・討厭、不開心的事情　記得更清楚、更難忘記 |
| 如果是適度飲酒呢？ | ・創造力提升 |

切記，用酒精來逃避，最終反而什麼都逃不掉。

不要一直接收負面新聞

效果：不安／憂鬱

—薩塞克斯大學　強斯敦和葛蘭姆的研究—

●人天生就容易被負面的事物吸引

人基本上很容易注意到負面的訊息，這種現象稱為「消極偏見」。

這是因為**先注意到負面的事物，就能提前做好應對準備，對生存競爭來說會比較有利。**

●一直看負面新聞，人會開始慢慢出現憂鬱症狀

密西根大學索羅卡等人針對 17 個國家共 1156 人為對象進行研究，發現對大部分的人來說，觀看負面新聞皮膚都會對電阻感應和血流量、心率等造成非常大的影響。

薩塞克斯大學的強斯敦和葛蘭姆也做過一項實驗，將 30 名受試者分成以下 3 組。

> 第 1 組 觀看 14 分鐘的正面新聞快報
> 第 2 組 觀看 14 分鐘的中立新聞快報
> 第 3 組 觀看 14 分鐘的負面新聞快報

根據實驗結果，**觀看負面新聞的受試者，非但心情變得更加不安、更難受，對一些跟新聞無關的個人擔憂，也會變得小題大作，或是容易出現抑鬱的症狀，想法變得悲觀。**

●對報導的人也會有負面影響

此外，就連一般認為抗壓性比較好的新聞從業人員，也會因為報導負面新聞而受到負面的影響。

墨西哥國立自治大學的莫拉茲等人透過研究指出，**報導悲慘事件新聞的記者，很多都會出現焦慮症、抑鬱、PTSD 等症狀，也比較容易攝取過量的酒精和香菸。**

隨手打開電視，負面新聞接連報導，名嘴們個個情緒性發言……看著看著，不知不覺間自己的心情也會跟著變得愈來愈糟糕。

利用計時器控制看新聞的時間

控制每天看新聞的時間，
避免接觸太多負面新聞。

別亂發脾氣

效果：憤怒／焦躁

—俄亥俄州立大學　布希曼等多位研究員的研究—

●把怒氣發洩到東西上，只會讓自己更生氣

壓力大的時候，不自覺地就會隨便對人或是東西亂發脾氣，討厭自己。各位是不是也是這樣呢？

亂發脾氣本來就是一件會給身邊的人帶來極大困擾的事情，而且根據俄亥俄州立大學的布希曼等人的研究，亂發脾氣對自己也是一點好處都沒有。

在這項研究當中，研究人員先欺騙受試者：「比起對人，把怒氣發洩在枕頭或是沙包等沒有生命的物品上更有效。」

接著，研究人員假裝是評論家，把受試者事先寫好的文章批評得一文不值，激起受試者的怒氣。這時候，研究人員讓受試者從各種發洩怒氣的選項中做選擇，結果大部分的人都選擇了沙包。

可是，選擇打沙包發洩怒氣的受試者，最後非但怒氣沒有獲得平息，反而變得更生氣、更具攻擊性，除了假裝是評論家的研究人員以外，甚至還遷怒到不相干的其他人身上。

由此可見，焦躁的時候把情緒發洩在東西上，不但沒有紓壓的效果，反而會帶來反效果。

●亂發脾氣有百害而無一利

之所以會產生攻擊性的態度，是因為無法對引發憤怒的原因做出反擊，或者是無法達成目標，在心情挫敗之下，於是產生攻擊性的態度。

可是，若是任由怒氣隨意發洩，身邊的人只會開始慢慢跟你保持距離。

　　尤其是對家人等身邊的親人，也許是因為依賴的關係，經常不知不覺地就隨便對他們亂發脾氣。可是，不管怎樣都會一直陪在自己身邊的人，也是他們。可見亂發脾氣真的一點好處也沒有。

　　下回如果快控制不住自己亂發脾氣的時候，可以利用 132 頁介紹的「重新解釋」等理性的方法應對，或者是像 128 頁介紹的「先忍耐 10 秒鐘」，或者是 130 頁的「左手緊握拳頭」等方法，好好地做好自己的憤怒管理。

「亂發脾氣」會使得怒火愈燒愈旺

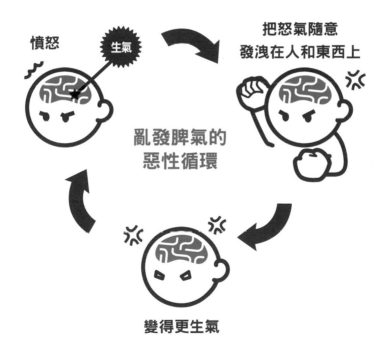

快控制不了怒氣的時候，
趕快提醒自己亂發脾氣的壞處。

遇到不開心的事情，就利用社群媒體發發牢騷

效果：沮喪

—北京航空航天大學　方等多位研究員的研究—

●利用社群媒體發牢騷是恢復心情最快速的方法

有研究指出，在社群媒體上吐露負面情緒，可以讓心情變得輕鬆。

北京航空航天大學的方等人與中國、美國、荷蘭的研究學者一起進行了一項調查，對象為 74487 名的推特使用者。調查結果顯示，在推特上發文分享自己開心的心情，這股心情能維持長達約 1 個小時，之後就慢慢恢復平靜。

另一方面，如果是針對自己不開心的心情發文，經過大約 10 分鐘之後，心情就能恢復平靜，而且能持續長達 1.5 小時。

只是在社群媒體上分享，就能讓開心持續更久，不開心的心情快速消失，可以說是恢復心情最快速的方法。

●社群媒體使用時間愈長，憂鬱的傾向愈高

不過，研究也證實，**長時間使用社群媒體的人，很多都會出現精神方面的症狀。**

倫敦大學學院的凱莉等人以 1 萬名以上的青少年（平均年齡 14.3 歲）為對象做了一份調查，發現長時間使用社群媒體的人都有憂鬱的傾向，尤其女性比男性明顯。

●說人壞話會縮短自己的壽命

此外也有研究顯示，在社群媒體上抒發負面情緒的時候，最好不要說人壞話，或者是充滿批評抱怨的言語。

東芬蘭大學的涅沃尼等人針對 622 人所做的失智症分析，以及以 1146 人為對象所做的壽命長短的分析，都是極富啟發性的研究報告。

　　報告中提到，人上了年紀之後，愈不信任他人的人，失智症的風險會比一般人高出約 3 倍。

　　如果對任何事情都是一副嘲諷的態度，凡事都是負面思考，很可能會讓自己的內心愈來愈貧瘠，也對身體帶來不好的影響。

　　在推特等社群媒體上發牢騷絕不是什麼壞事，只不過一定要有分寸，不要沒有限度地滿口抱怨、批評，這才是恢復平靜心情的正確方法。

影響心情的雙刃劍——社群媒體的正確使用方法

「剛剛發生一件不開心的事情……」	啊，他竟然說這種話…她也是……	氣死我了！看我怎麼說你壞話！
	提不起勁　　悶悶不樂	心情煩躁
↓	↓	↓
心情舒坦多了！	難過失望……	壽命縮短！

使用社群媒體時間不要過長，
也不要攻擊他人。

●每天使用 30 分鐘左右的社群媒體，能抑制孤獨感和憂鬱

　　說到使用社群媒體，雖然大部分的人都會注意到它不好的負面影響，不過就像上一節提到「遇到不開心的事情，就利用社群媒體發發牢騷」一樣，社群媒體也有它好的一點。事實上，賓州大學的杭特等人透過研究證實，社群媒體根據使用時間的長短，會產生不同的效果，**假設每天使用約 30 分鐘，可以達到排解孤獨感、抑制憂鬱的作用。**

　　這項實驗以 143 名學生為對象，以隨機方式將全部人分成以下 2 組，各自進行為期 3 週的調查。

　　第 1 組 Fackbook、Instagram、Snapchat 等社群媒體的使用時間每天以 10 分鐘為限
　　第 2 組 跟平常一樣，想使用社群媒體的時候就使用，沒有限制

　　結果顯示，比起 第 2 組 ， 第 1 組 學生的孤獨感、憂鬱、不安等情況減輕許多。另外，兩組的共通點是不會再擔心自己「跟不上流行話題」。

　　研究報告中也提到，長時間使用社群媒體沒有什麼好處，反而是**每天控制在 30 分鐘左右，可以帶來幸福快樂和安心的感覺。**

●在社群媒體上查看舊情人的近況，會讓自己變得不快樂

　　根據俄亥俄州立大學的福克斯和夏威夷大學的德永等人的研究，「會在社群媒體上搜尋舊情人近況的人，通常都是停留在過去、無法成長的人。」

研究以在過去一年內失戀，且自己和舊情人都有 Facebook 帳號的 431 名大學生為對象，詢問他們包括「跟對方的親密程度」、「現在是否有新對象」、「查看舊情人近況的頻率」等問題。結果發現，**會定期查看舊情人的近況與交友關係的大學生，通常都是放不下心中的怨恨或是不捨，也不會去營造新的人際關係或是興趣。**

　　簡單來說就是，他們暫時停下了讓自己成長的腳步。

　　如果整天不停地掛在上面，或是被困在過去當中，社群媒體反而只會給心靈帶來傷害。因此，切記千萬不要過度沉迷，請適度地保持距離來使用。

使用社群媒體的正確與錯誤方法

每天固定
使用 30 分鐘

30分　OK！

沒有控制地滑個不停
偷看舊情人的近況

竟然做了
這種事（怒）！　　NG！

> 使用社群媒體每天大約30分鐘就好，
> 而且絕對不要查看舊情人的近況。

夜晚

81

家人和男女朋友之間不要互加Facebook好友

效果：嫉妒心／欲望／憂鬱

—貴湖大學　摩西等多位研究員的研究—

●為什麼 Facebook 會是「嫉妒誘發器」？

在日常生活中，壓力其實就隱藏在一些意想不到的地方。

本書一再提到的社群媒體，就是最好的例子。加拿大貴湖大學的摩西等人發表過一篇研究報告指出：**「查看家人或是男女朋友的社群媒體，會容易產生嫉妒的心理。」**

這項研究以 308 位有使用 Facebook 習慣的男女為對象，裡頭包括單身、情侶，還有已經結婚的人，針對「對親朋好友是否也會有嫉妒的心理」等問題進行調查，結果發現，女性在這方面的傾向特別強烈。

另外，有超過 70% 的人直到現在還會把過去曾經發生過性關係或是暗戀過的異性，設定為「好友」關係。

也就是說，**Facebook 本身成了一種「嫉妒誘發器」**，除非是跟對方的關係非常密切，否則很容易就會產生嫉妒的心理。

●愈沉迷的人愈容易羨慕他人

南洋理工大學的坦多克等人以 736 名大學生為對象做過一項研究，發現**經常使用 Facebook 的人，愈容易產生羨慕的心理。**

這項研究分析，經常使用 Facebook 的人通常交友圈比較廣，接收到的訊息量也比較多，因此更常會和他人比較，也容易羨慕他人。

此外，另一個分析結果顯示，**「經常使用 Facebook 這種瀏覽他人動向的社群媒體，不但容易產生羨慕和嫉妒的心理，而且更容易引發憂鬱。」**

● **Facebook 容易成為引發憂鬱的媒介**

　　使用 Facebook 的人，通常都會分享一些關於成功的體驗，或者是正向的人際關係等容易引人羨慕的訊息，反而不太會說些負面的事情。這種使用特性會使得瀏覽的人看到的都是這一類的訊息，成為引發憂鬱的原因之一。

　　在 Facebook 上看到男女朋友或是同住一個屋簷下的家人在外遊玩的開心訊息，確實會讓人心裡有點不是滋味，這種心情不難理解。

　　古語說，「君子不立於危牆之下」，跟男女朋友還有家人之間，最好不要互加彼此的 Facebook 好友。如果加了好友，就不要太常查看對方的訊息。

　　另一個重點是，對於自己發布的內容最好也要多加留意，因為畢竟你不知道會有哪些人看到你的貼文。

Facebook 可能引發憂鬱

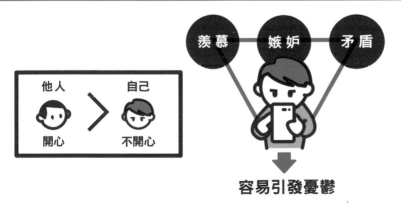

　　不要跟家人、另一半或是男女朋友互加Facebook好友。
　　如果加了好友，就盡量避免查看對方的近況。

●同理心能透過練習來提升

　　缺乏同理心而受到大家的排擠，無法融入群體……有這方面困擾的人，建議可以嘗試蘇黎世大學辛格等人所提出來的同理心訓練。

　　辛格等人透過研究證實，「就算是成人，也可以藉由訓練來學習『善良』和『寬容』。」

　　他們對受試者進行的訓練內容如下：

①同理心訓練

　　先回想自己的痛苦經驗，接著想像親朋好友痛苦、難過的樣子，練習說出「我願意分擔你的痛苦」、「我瞭解你的難過」，培養同理心，然後再把這種心情慢慢地從身邊的人擴散到不認識的人身上。

②同情心訓練

　　回想自己的痛苦經驗，告訴自己「希望有人可以守護我」、「我很好」，藉此培養溫柔體貼的心情。將這種心情慢慢地擴散到親朋好友→身邊的人→不認識的人身上。

　　在做完這些訓練之後，研究人員接著又播放「日常生活場景」和「某人正感到痛苦難過」的影片給受試者看，觀察他們的大腦反應。

　　結果發現，做完 ①同理心訓練 和 ②同情心訓練 兩個訓練的人所產生的同情心和同理心，比沒有接受訓練的人來得更強烈。此外，做完 ②同情心訓練 之後，在看到他人的痛苦時，自己受到的負面影響會比較小。另外，做完這兩個訓練的受試者，甚至會出現主動助人的行為。

●藉由練習成為一個善解人意的人

　　如果你是個不太知道怎麼理解他人的心情，或者是對他人的各種遭遇無法表現體貼，又或者是缺乏想像力的人，辛格所提出的這個訓練方法，請你務必一定要嘗試看看。

　　先利用自己重要的對象做練習，包括家人、朋友、男女朋友，或是自己養的小狗、小貓等都可以，熟練了之後，再把這份溫柔體貼的心情慢慢擴及到更多的對象身上。

　　這個練習隨時都能進行，不論是在通勤電車上、中午用餐時間，或是泡澡的時候都可以做，而且每天只要 3 分鐘左右就夠了，大家一定要試試看。

「同理心訓練」的方法

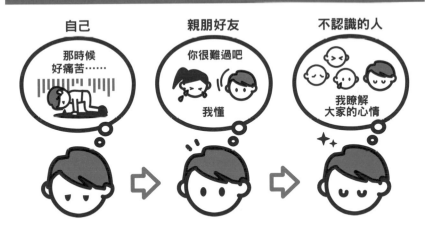

讓同理心慢慢擴及到所有人

想像自己過去的痛苦經驗，安慰難過的自己，
再慢慢地把想像的對象擴及到其他人，藉此培養自己的同理心。

187

閱讀小說

效果：同理心／人際關係

—紐約新學院　基德和卡斯塔諾的研究—

●讀小說有助於提升同理心

人際關係的問題，多半是因為自己和對方的理想及價值觀有所差異所導致。

面對他人的價值觀，就算跟自己的價值觀有所差異，但是只要給予尊重並接受，就不會因此感到焦躁。

那麼，該怎麼做才能培養這種心態呢？以下的實驗可供大家作為參考。

紐約新學院的基德和卡斯塔諾的研究將 86 名受試者分成兩組，一組閱讀短篇小說，另一組閱讀短篇的非小說。

讀完之後再讓受試者接受「從表情猜測對方心情」的測驗。這是以理解他人的「心智理論」（Theory of Mind）發展出來的一套測驗。

結果顯示，比起閱讀非小說的受試者，讀小說的受試者的答題正確率比較高。

●閱讀文學作品會讓人更能理解他人的心情

實驗接著以 114 人為對象，比較閱讀文學作品和大眾文學的差異。

結果發現，閱讀文學作品的人，比起什麼都沒有讀，或者是讀了大眾文學的人，在得分上有些微的領先。

實驗再一次以 72 人為對象進行比較，發現在針對故事人物的想法和心情方面的理解測驗當中，閱讀文學作品的人明顯比較能正確掌握故事人物的想法和心情。

而且，就算是不喜歡閱讀文學作品的受試者，測驗成績也會比閱讀大眾文學的人來得高。

●對故事內容產生移情作用，有助於理解他人的心情

研究人員分析，文學作品在故事人物的心理狀態和背景方面，通常都會描寫得十分深入，因此閱讀這樣的內容會讓人容易產生移情作用，對他人的人生產生同理和理解。

在這個世上，每個人的想法不同、價值觀不同。瞭解並尊重這些截然不同的想法和價值觀，到頭來其實就等於是在守護自己的想法和價值觀。

此外，「同理心」是人類之所以優於 AI 人工智慧的一大關鍵，也是目前最受大家重視的能力。

在現實世界中能遇到的人有限，但是透過文學作品可以有無限的際遇。既然如此，大家何不試著從文學作品的世界中去拓展自己更寬廣的思維和世界觀呢？

閱讀小說有助於提升同理心

閱讀文學作品 ⟶

更有
同理心！

 瞭解他人心情的能力
 接納他人價值觀的能力
 理解他人痛苦的能力

缺乏同理心、不懂他人心情的人，
就先從閱讀文學作品開始培養同理心吧。

把不安的心情寫下來

效果：不安／免疫力

——南衛理公會大學　彭尼貝克等多位研究員的研究——

●寫下不安的心情，長期來說有助於心理健康

南衛理公會大學彭尼貝克等人的研究指出，擺脫不安心情的方法之一就是，「**乾脆把不安寫下來，效果非常好。**」

這項實驗針的對象是 50 名受試者（女性 36 人，男性 14 人），研究人員先請受試者靜下心來約 10 分鐘，測量每個人平靜時的血壓、心率、皮膚電阻感應，並且抽血。接著回答一些問題，然後以相同的男女比例將受試者分成以下 2 個組別。

第 1 組 每天 15 分鐘，一共為期 4 天，寫下人生中最受傷、為自己帶來煩惱的事件

第 2 組 每天花 20 分鐘寫下當天做的事情、所穿的鞋子等生活中的小事情

4 天之後再次測量血壓、心率、皮膚電阻感應以及抽血，接著 6 週之後再抽血一次。接下來，研究人員繼續透過電郵提問的方式請受試者回答，作為後續的追蹤調查。

結果發現，寫下負面內容的第 1 組，雖然在實驗結束的當下，很多人的身體都出現負面情緒、頭痛、心悸、肌肉緊繃等各種身體狀況，可是**長期下來，各種好處開始慢慢出現，包括免疫力變好，精神方面的痛苦獲得改善，上醫院的次數減少、找回自律神經平衡等**。

●寫下不安的心情，能幫助改善工作記憶

除了彭尼貝克等人的實驗以外，其他也有類似的研究。

北卡羅萊納州立大學的克萊因和北德州大學的鮑爾等人，找來 35 名大學新生每天花 20 分鐘寫下「上大學之後的心情和感想」，為期 2 週的時間。另外又找了 36 名大學新生每天寫下「跟大學無關的生活事件」。

經過 7 週之後發現，比起後者，前者不僅在精神方面獲得改善，「工作記憶」的能力也大幅提升了。

同樣的，在他們的另一項實驗當中，<u>比起寫下正面經驗的 **33 名受試者**，以及寫下生活事件的 **34 名受試者**，寫下自己負面經驗的 **34 名受試者在工作記憶方面的能力明顯提升，而且也比較不會想太多**。</u>

因為不會想太多，所以工作記憶的能力才會變好。由此可見把心裡不安的情緒寫下來，除了能擺脫不安以外，對提升工作表現也有正面的幫助。

寫下心裡的不安，把不安從大腦中刪除

什麼都不做……

大腦邊緣系統
產生不安的情緒

寫下來……

我害怕……

透過額葉的作用

擺脫不安！

感覺不安的時候，別硬要自己別去想它，
不如乾脆把心裡的不安寫下來。

接受自己的負面情緒

效果：創造力／幸福感

—龐貝法布拉大學　奎德巴赫等多位研究員的研究—

●能感受各種情緒的人比較快樂

研究認為，「感受幸福不可或缺的事」，就是接受自己的負面情緒。

龐貝法布拉大學奎德巴赫的研究團隊以 3 萬 7 千人為對象進行問卷調查，針對「開心」、「尊敬」、「希望」、「感謝」、「愛」、「自尊心」等九種正面情緒，以及「憤怒」、「難過」、「恐懼」、「厭惡」、「罪惡感」、「不安」等九種負面情緒，詢問受試者的經驗多寡，藉此調查各種情緒發生的普遍程度。

結果證實，**感受到的情緒比較多元的人，也就是擁有各種情緒的人，在心理方面也會比較健康，比較快樂。**

換言之，生活中只有快樂的人，不算是幸福。擁有酸甜苦辣各種經驗，而且接受自己各種真實情緒的人，才能體會到真正的幸福。

●負面情緒有提升創造力的作用

有個概念叫做「完整性」（Wholeness）。

這是喬治梅森大學的卡珊登和波特蘭州立大學的迪納共同提出的一種幸福的思維，強調負面情緒的好處。

根據兩人的研究，針對擁有負面和正面兩種情緒經驗的人，以及只有正面情緒經驗的人，比較兩者所提出來的點子，發現前者在創造力方面更勝後者約 10%。

研究指出，**最理想的方式是 80% 的時間花在感受積極正面的情緒，剩餘的 20% 的時間用來感受負面情緒。**

換句話說，**接受自己的負面情緒，才能感受到更大的幸福感，激發更好的創造力。**

●只追求快樂的幸福無法長久

諾貝爾經濟學獎得主丹尼爾‧康納曼曾經說過，幸福感包括「滿足感」、「人格特質」、「情緒」、「感動和興奮」等四大項。

「雖然人生稱不上滿足，不過能好好地泡個澡，就覺得很幸福。」應該也有這種幸福。

康納曼也主張：「追求快樂雖然會帶來一時的幸福，但是對於長時間感受完整的幸福來說，一點幫助也沒有。」

關於幸福，最重要的因素其實是負面情緒。

真正的幸福，是不論幸運或者不幸，都能坦然地接受它。

所以沒有必要逃避自己的負面情緒和負面經驗。

不妨就把這些當成是成就幸福的重要元素吧。

不要否定負面情緒和負面經驗，
坦然地接受它，把它當作幸福的糧食。

告訴自己心理生病了不是自己的錯

效果：憂鬱

—杜克大學　謝弗等多位研究員的研究—

●大部分的人一生中至少都經歷過一次心理生病的經驗

因為人生不如預期而感到意志消沉，心情鬱悶。

就算告訴自己不必在乎別人，可是還是會忍不住在意。不管面對任何事情都會感到擔心、不安或是憤怒，被壓力壓得快喘不過氣來。

「為什麼自己這麼沒有用」、「為什麼沒有辦法像別人一樣那麼開朗、有活力」。各位是不是也曾經有過這種念頭呢？

事實上，並不是只有你會這麼想。

美國杜克大學的謝弗等人透過研究指出，「大部分的人一生中至少都經歷過一次心理生病的經驗」。

●沒有精神疾病經驗的人的兩大共通特徵

這項調查以大約 1000 人為對象，追蹤了每個人從出生到中年為止的心理健康，發現 83% 的人都「曾經有某方面的精神疾病問題」。

那麼，沒有任何精神疾病經驗的那些不到 17% 的人，究竟都是哪些人呢？

大家可能會認為他們應該是有錢人，或者是擁有高智商的人。其實跟這些都沒有關係，這些人的共同特徵是以下兩點：

第一，這些人的家人幾乎也都沒有人有精神疾病方面的經驗。另一點是，這些人本身的個性從小自我控制能力就比較好，人緣也很好。

●精神疾病就跟感冒一樣

大部分的人都有可能出現精神疾病，因此不需要把它看得太嚴重。對

日本社會來說，最重要的反而應該是想辦法成為一個把精神疾病當成跟骨折和感冒一樣來看待的成熟社會。

　　事實上，根據林奈大學的揚奎斯特等人的研究顯示，「針對有精神疾病的人，每個月『投與』50 歐元，一共長達 9 個月之後，發現不安和憂鬱的症狀減少，人際關際和生活品質也有了改善。」

　　關於這一點，在現代社會中，**心靈的黑暗與貧窮和階級差距有密切關係**，可以說就是最好的證據。

　　假設每個人只需要能給心靈帶來餘裕的財富就足夠了，不必成為大富翁，那麼這個社會應該可以為彼此做到更多，因為絕對不會再有人袖手旁觀。

沒有精神疾病經驗的 17% 的人的共通點

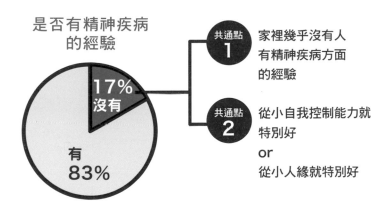

是否有精神疾病的經驗

17% 沒有

有 83%

共通點 1　家裡幾乎沒有人有精神疾病方面的經驗

共通點 2　從小自我控制能力就特別好
or
從小人緣就特別好

把精神疾病當成心靈的感冒來看待，
為受貧窮和憂鬱之苦的人伸出援手。

不跟他人做比較

效果：不安／幸福感

—以色列特拉維夫大學　阿拉德等多位研究員的研究—

●為什麼人都會拿自己跟別人做比較？

人都會在不知不覺中拿自己跟某人做比較。

看到比自己差的人就感到放心，相反的看到比自己好的人就心生嫉妒和羨慕，給自己帶來壓力。

即便心裡明白「我是我，別人是別人，沒有必要拿自己跟別人比較，就算比較了也沒有意義」，可是就是做不到。

為什麼人就是會拿自己跟別人比較呢？

針對這一點，史丹佛大學的費斯廷格提出了一套「社會比較理論」（Social Comparison Theory）。

意思是，人為了對自己做出正確的評價，所以會拿自己跟他人做比較。

因為人必須要對自己，以及自己所處的狀況及環境充分瞭解，才有辦法生存下去。

●跟他人做比較只會愈來愈不快樂

以色列特拉維夫大學的阿拉德等人做過以下的實驗。

這項實驗的對象是 144 名平時不得使用 Facebook 的資安公司的員工。

實驗方式是讓這些受試者使用 Facebook，觀察他們在「對於好友的正面經驗貼文／負面經驗貼文的接受度」、「瀏覽頻率」、「自己的體驗」、「比較的程度」、「幸福度」、「Facebook 的使用狀況」等各方面的狀況。

結果證實，年輕的員工在使用 Facebook 的時候，比較會出現「社會比較」的行為，而且這種行為會導致他們的幸福感降低。

另外實驗也發現，「社會比較」的「頻率」並不會造成幸福感低落，真正會造成影響的是比較的「程度」。

●跟他人做比較只是一種偏差抽樣的行為

在某種意義上來說，「社會比較」只是一種隨意的偏差抽樣。

只不過有時候也會出現比較偏頗的偏差抽樣。

假設想透過「社會比較」來謹慎地進行自我評價，這時候就必須收集非常大量的樣本和調查。

如果只是像「外國的月亮比較圓」這種隨意的「社會比較」的行為，只會讓自己愈來愈不快樂。

不要再拿自己跟他人做比較了，應該從更宏觀的角度去思考自己的處境，這才是最重要的事情。

拿自己跟他人做比較為什麼沒有意義

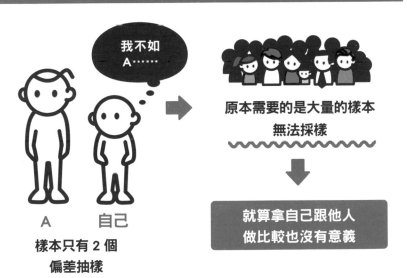

拿自己跟他人做比較只是一種偏差抽樣的行為。
真正重要的應該是以更宏觀的角度來審視自己。

緊緊抱住某樣東西

效果：幸福感／不安

—日本國際電氣通信基礎技術研究所（ATR）　住岡等多位研究員的研究—

●家人、男女朋友、另一半的擁抱會刺激催產素增加分泌

　　被家人、男女朋友或是另一半緊緊抱住，會給人安心的感覺。這一點可是有科學研究作為佐證的。

　　南加州大學萊特等人的研究證實，「男女朋友的經常擁抱，有助於刺激催產素的分泌。」

　　楊百翰大學的霍爾特－朗斯戴（Julianne Holt-Lunstad）等人的研究也顯示，和另一半的肌膚接觸愈多，體內催產素的濃度也會增加。

●經常擁抱能降低感冒機率

　　卡內基美隆大學柯恩的研究以 406 位健康成人為對象，時間為期 2 個星期，研究人員會針對這段期間內受試者每天的活動、擁抱的次數、是否有人際關係的問題和煩惱等進行訪問，並且調查受試者在這段期間內是否曾被傳染感冒，以及對抗病毒的能力等。

　　結果發現，有沒有人際關係方面的問題，跟罹病風險沒有關係，不過有擁抱的人，感冒機率比沒有擁抱的人要來得更低。

　　研究人員更進一步針對這些被隔離的受試者在接下來 4 個星期內被病毒感染的機率進行調查，發現「經常擁抱」、體內催產素濃度較高的受試者，就算被病毒感染，也不至於出現重症的症狀。

●緊緊抱住東西也有同樣的效果

　　擁抱能帶來非常好的正面效果，這一點不難想像，可是令人驚訝的是，「抱緊東西」這種自己一個人就能辦得到的行為，竟然也有同樣的效果。

日本國際電氣通信基礎技術研究所（ATR）住岡等人的研究觀察到，跟不認識的陌生人通電話的時候，如果**抱著「抱枕」之類「可以緊緊抱住的東西」一面說話，體內壓力荷爾蒙**皮質醇**的濃度會降低，相反的幸福荷爾蒙催產素會增加分泌**。

下回如果想讓自己的心情平靜下來，就找個東西來緊緊抱住吧。

只要緊緊抱住東西，體內催產素的濃度就會增加

感覺不安，或是想讓心情平靜下來的時候，
試試看緊緊抱住抱枕或是玩偶之類的東西。

盡量原諒他人

效果：後悔／心理負擔／心理創傷

—三一學院　弗雷斯等多位研究員的研究—

●沒有得到原諒會讓人想進一步加害對方

為了一點小事情撕破臉，從此再也不往來。一點小事情導致關係出現裂痕，變成心裡沉重的壓力。雖然知道只要有一方先道歉就沒事了，可是就是拉不下臉先道歉。

三一學院弗雷斯等人的研究證實了「原諒」是非常重要的一件事。

這項實驗以 153 位學生為對象，受試者必須以「想像這是發生在自己身上的事情」的角度來閱讀以下的問題。

「你是個大學生，平常只在乎要達成自己的目標，其餘的完全不放在眼裡，以至於狠狠傷害了你的大學朋友，雖然你並不是故意要這麼做。後來，你寫了一封道歉信給他們。兩個星期之後，你從這些人當中選擇了一個人，無法克制自己地再次對他做出傷害。當時你聽說所有人都不原諒你，唯獨只有一個人願意原諒你。請問，你會選擇傷害誰？是願意原諒你的人？還是不願意原諒你的人呢？」

讀完問題之後，研究人員以問卷的方式詢問受試者的答案，結果有 **86%** 的人都選擇了「再一次傷害不原諒自己的人」。

從這個結果可以知道，一旦自己的行為獲得被害者的原諒，加害者通常會避免再一次攻擊被害者。

●獲得原諒會讓人反省自己的行為

弗雷斯等人另外又透過其他實驗證實，在獲得被害者的原諒之後，加害者自我反省的機率會大幅提升。

因為沒有辦法獲得原諒，所以時間一久，心裡就會留下陰影。再者，不原諒也可能會加深彼此的敵意。

對於釋出善意的對方，自己也會以善意作為回報；對於採取非善意態度的人，自己也會以非善意的態度回應。這就是互惠原理的作用。

因此，可以原諒的時候就盡量原諒對方，這麼做到頭來，不管是對自己還是對方都有好處。原諒就是不給自己增加心理負擔的祕訣。

原諒他人到頭來就是對自己也有好處

**對於不原諒自己的人
會想二度傷害對方**

**獲得原諒之後，
加害者會自我反省**
=
互惠原理的作用

為了自己，也是為了對方，
盡可能地做到原諒，別讓過去的怨恨留在心裡。

CHAPTER 6

夜晚

時常心懷感謝

效果：熟睡效果

—曼徹斯特大學　伍德等多位研究員的研究—

●時常心懷感謝的人睡得比較香甜

想要和壓力共處，除了 44 頁提到的打招呼很重要以外，日常生活中還有另一個需要隨時做到的行為。

那就是心懷感謝。事實上，研究發現，**在人生和生活中時時心懷感謝的人，晚上會睡得比較香甜。**

曼徹斯特大學的伍德等人以 401 名 18 ～ 68 歲的男女為對象，針對感謝的心情與睡眠和個性的關係進行問卷調查。

研究人員先請受試者回想自己的人生和生活，針對「對許多人心懷感謝」、「人生中有非常多值得感謝的事情」、「人生中幾乎不太感謝」等問題進行回答，回答的方式從「非常同意」到「完全不同意」一共分成 7 個階段。

接下來的問題是 60 個會在睡前思考的問題，包括「過去幾天發生的開心的事情」、「國際上正在發生的動亂事件」等，受試者必須以「完全不會」到「經常會想到」等 4 個階段來回答。

最後，研究人員一一詢問每位受試者平時的睡眠品質和時間、效率（上床之後花了多久時間才睡著）、睡眠深度、對白天活動造成的影響等，調查感謝和睡眠之間的關係。

結果發現，**時常心懷感謝的人，除了睡眠品質好以外，在睡眠深度、效率、白天的活動等各方面都帶來好的影響。**

●無論個性如何，「感謝」的效果在每個人身上都能看見

有意思的是，這項調查同時也針對受試者的「神經質」（Neuroticism）、

「外向性」（Extroversion）、「經驗開放性」（Openness）、「親和性」（Agreeableness）、「盡責性」（Conscientiousness）等所謂的「五大性格特質」進行性格分析，發現人的個性和熟睡程度關係並不大。

也就是說，透過這項調查可以知道，**不管是什麼個性的人，內向也好，不夠親切也好，只要是時常心懷感謝的人，都能擁有較好的睡眠品質。**

研究也顯示，想著正面的事情睡著，有助於提升睡眠品質。這一點在 206 頁會提到的北京師範大學的研究中已經獲得證實。

因此簡單來說，感謝不僅能帶來優質睡眠，同時也是白天活力的能量來源。

心懷感謝帶來的正面循環

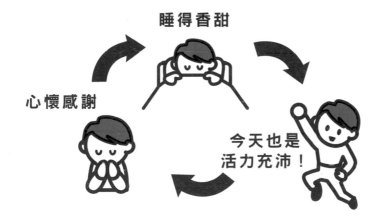

睡得香甜

心懷感謝

今天也是
活力充沛！

想要晚上睡得香甜、白天活力滿分，
記得一定要時時心懷感謝。

不要熬夜

效果：憤怒／焦躁

—加州大學柏克萊分校　游等多位研究員的研究—

●睡眠不足會讓人情緒失控

睡眠不足麻煩的地方就在於，它不是只會讓人感到焦躁、心情變差而已。

加州大學柏克萊分校的游等人找來了幾位身體健康的年輕受試者，分成以下 2 個組別進行實驗，隔天再透過 fMRI 觀察大腦的反應。

第 1 組 好好睡覺，擁有充足的睡眠
第 2 組 一整晚熬夜不睡

研究人員給受試者看了內容中立、不會引發情緒照片，以及會讓人產生負面情緒的照片，共計 100 張，藉此觀察大腦對於負面刺激會出現何種反應。

結果發現，第 2 組 熬夜一整晚的受試者，主宰憤怒情緒的杏仁核反應提升了 60%。 第 1 組 擁有充足睡眠的人在看了同樣的照片之後，杏仁核的反應明顯有受到控制。

●睡不飽，看什麼都會不順眼

同樣的，在義大利拉奎拉大學的坦佩斯塔等人的實驗當中，受試者被分成以下 2 組，透過觀看負面、正面、中性的畫面來觀察大腦的反應。

第 1 組 連續 5 天每天睡眠充足
第 2 組 連續 5 天每天只睡 5 個小時

結果顯示，第 2 組 每天只睡 5 個小時的受試者，對於正面和中性內容的畫面也會出現負面的情緒反應。不僅如此，注意力也變得很差。

●睡眠不足會讓人情緒起伏變大

加州大學柏克萊分校的格傑等人拿相同的畫面給不同狀況的受試者看，發現睡眠不足的人不只會引發負面情緒，正面情緒的反應也增加了。

換言之，持續睡眠不足會讓人一下子開心、一下子生氣，情緒起伏變大，很可能會導致類似躁鬱的症狀。

如果明明身體很累，精神卻異常亢奮，或是感到比平常更焦躁，這時候就要懷疑自己是不是睡眠不足。

切記，千萬不要熬夜，一定要確保每天都擁有充足的睡眠。

睡眠不足會導致情緒不穩

🌙 晚上

已經 3 點了……

☀ 白天

莫名地煩躁

怒

杏仁核反應

不要熬夜。如果感覺心情焦躁、情緒起伏大、
靜不下來的時候，就要懷疑自己是不是睡眠不足。

不要帶著負面情緒上床睡覺

效果：焦躁／憤怒／憂鬱

—北京師範大學　劉等多位研究員的研究—

● 「賭氣睡覺」會助長壓力

大家應該也有這種經驗吧，因為跟人吵架或是被罵，所以選擇賭氣睡覺。

雖然告訴自己就算是再糟糕的心情，只要睡一覺醒來，感覺就會舒服多了，可是事實上，**「賭氣睡覺」這種帶著負面情緒入睡的作法，很可能會導致壓力變得更大。**

● 轉換好心情之後再睡覺，可以減少約 6 成的不好記憶

北京師範大學的劉等人以 73 位男性為對象，進行 3 次的睡眠實驗。

研究人員連續 2 天讓受試者觀看 52 張包括動物屍體、被槍瞄準等引發負面感受的照片，以及表現出這些感受的男女表情的照片。接著將受試者分成以下 4 組，觀察睡眠對記憶的影響。

第 1 組 看完照片後經過 30 分鐘再進行記憶測驗，檢測受試者記得多少照片的內容

第 2 組 看完照片後馬上睡覺，隔天再接受測驗

第 3 組 看完照片之後，接著看美女照片以轉換心情，30 分鐘後再進行記憶測驗

第 4 組 和第 3 組一樣轉換心情之後，馬上接著睡覺，隔天再接受測驗

結果顯示，第 1 組 和 第 2 組 之間差異並不太，可是 第 3 組 比起 第 4 組 ，不好的記憶減少了約三分之一。

大家都知道睡覺的時候，短期記憶會轉換成長期記憶，當然也包括不好的記憶。甚至有研究指出，**不好的記憶會記得更清楚**。因此，最好的作法應該是盡量讓自己帶著開心的記憶入睡。

賭氣睡覺會讓不好的記憶直接被寫入長期記憶中，以後如果想賭氣睡覺，不妨轉換一下心情，別再賭氣，帶著開心的心情再上床睡覺。

睡前的情緒會在睡覺的時候，轉換成記憶烙印在大腦中

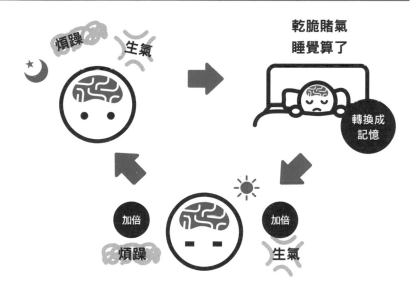

想賭氣睡覺的時候，
先做點喜歡的事情放鬆一下，為隔天的好心情做好準備。

夜晚

93

每天睡滿8小時

效果：傷痛／心理創傷

—若許大學　卡特萊特的研究—

●夢見創傷事件表示能夠成功克服創傷

「睡眠」是治療包含傷痛在內等心理創傷時不可或缺的重要關鍵。

美國芝加哥若許大學的卡特萊特等人，針對經歷過離婚等情緒陷入低潮而有憂鬱傾向的人所作的夢進行研究。

他們花了大約一年的時間，記錄 61 名受試者作夢的內容。

然後透過分析來判斷這些夢是否和受試者清醒時的情緒一致，以及情緒上的創傷所引發的憂鬱和不安，是否會隨著作夢而獲得緩解，或者是繼續存在。

結果發現，在經歷過創傷之後，只有夢見與創傷事件一致的人，之後才有辦法成功擺脫憂鬱，克服心理創傷。

相反的雖然有作夢，可是如果內容跟自己的痛苦經驗無關，表示還處於憂鬱狀態，無法克服傷痛。

●快速動眼期睡眠有療癒心靈的效果

加州大學柏克萊分校的睡眠專家沃克根據這項研究推定：「REM 睡眠如果正常，將能有效紓緩 PTSD 的症狀。」

大家都知道睡眠又分為淺層睡眠階段的「快速動眼期」（REM 睡眠），以及深層睡眠階段的「非快速動眼期」（NREM 睡眠）。一般認為，大腦會在非快速動眼期睡眠時整理訊息，在快速動眼期睡眠時進行訊息的整合。

此外，快速動眼期睡眠也具有維持大腦節律、發展情緒理解能力的作用。

因此科學家認為，快速動眼期睡眠不足將會影響到社交能力，也會讓人更難擺脫憂鬱的傾向。

●每天睡滿8小時，生活會更多采多姿

既然如此，該怎麼做才能確保擁有充足的快速動眼期睡眠呢？

答案就是：「每天睡滿8小時以上」。

因為忙碌而選擇不睡覺、繼續工作，會讓自己陷入睡眠不足的惡性循環。

也有人會選擇「補眠」的方式，等到有時間睡覺的時候再把時間補回來。可是，睡眠專家沃克直言，這種「補眠」的作法根本沒有效果。

根據一項針對全美勞動人口的收入調查，平均睡眠時間愈長的人，收入愈高。另外也有研究顯示，睡不飽會讓人對於選舉投票或是捐款等參與社會活動的意願降低。

大家應該改變想法，把「睡眠」當成生活的基準，而不是「工作」。

倘若你的生活正陷入惡性循環當中，不妨可以試著改變生活方式，將睡眠擺在第一順位，打造優質的睡眠生活。

「非快速動眼期睡眠」和「快速動眼期睡眠」的作用

非快速動眼期睡眠

整理訊息

快速動眼期睡眠

整合訊息

有傷痛和憂鬱傾向、情緒不穩的人，務必每天睡滿8小時，
以確保擁有足夠的快速動眼期睡眠。

時時謹記 追求幸福的 「PERMA」理論

人生是一條漫長的道路，沒有人一路上都是幸福快樂的。有句話說「人生有起有落」，正因為這不是一條平坦的道路，所以才會有喜怒哀樂。就像 192 頁提到的，面對自己的負面情緒也是很重要的一件事。

研究認為，一個人的幸福程度，會根據不同的人和不同的遺傳基因「慢慢地」定型。

舉例來說，從小在嚴謹的家庭環境中長大的人，也許會成為一個無法滿足的人。對於幸福快樂的定義因人而異，研究也已經證實，幸福感存在著個別差異，而且每個人對於自己認定的幸福感一輩子都不會改變，所以也不需要太過於羨慕他人。

幸福是每個人天生擁有的一部分，絕對不是什麼不實際的目標，也不需要勉強自己努力保持積極正向的態度。

目前雖然專家學者們對於幸福還存有不同的意見，不過大致上包含了「Positive Emotions」（感謝、愛、希望等）、「Engagement」（投入關注的事物）、「Relationships」（和家人與他人之間的關係）、「Meaning」（人生、工作的意義）、「Achievement」（成就感）五大要素。把這套「PERMA 幸福理論」隨時謹記在心，就能找到屬於你自己的幸福。

不只快樂，面對悲傷、難過也要展開雙臂接納它，如此才有辦法察覺身邊的幸福。雖然幸福沒有捷徑，可是一定存在著一條通往它的道路。

CHAPTER

7

【假日】
紓緩壓力、提升活力
的科學方法

94-100

做森林浴

效果：幸福感／健康

—密西根大學　杭特等多位研究員的研究—

●每週 120 分鐘的森林浴，能讓人擁有幸福和健康

有研究指出，過去一週內親近大自然超過 2 個小時以上的人，健康狀況和幸福感比一般人要來得高。

艾希特大學的懷特等人以大約 2 萬人為對象，調查研究「過去一週內接觸大自然的休閒活動」跟「健康」和「幸福」的關聯性。

研究結果顯示，比起都沒有接觸大自然的人來說，親近大自然的時間超過 120 分鐘以上的人，大多健康狀況良好，而且感受到幸福，尤其年長者或是長期有健康問題的人更為明顯。

不過，時間一旦超過 230 分鐘，幸福感就不再會隨著時間拉長而增加。

●每週做 3 次森林浴，每次 20 ～ 30 分鐘，有助於降低體內皮質醇濃度

密西根大學的杭特等人在 2019 年發表了一份研究報告，他們找來了 36 位居住在大都市裡的受試者，要求他們每週至少親近大自然 3 次，每次 10 分鐘以上，一共為期 8 週的時間。

地點不拘，只要是受試者認為屬於「大自然」就沒問題。在這 8 週當中，受試者必須接受 4 次的皮質醇濃度檢測（壓力指數）。

結果顯示，接觸大自然 20 ～ 30 分鐘的效果最好，壓力指數平均每小時會降低 28.1%。超過 30 分鐘之後，壓力雖然會持續下降，但是下降的速度會開始變慢。

住在大都市裡的人，只要定期親近大自然，就算時間不長也不要緊，就能讓自己離無壓生活更近一步。

●和大自然相處 3 天，有助於提升解決問題的能力

　　有意思的是，堪薩斯大學的阿奇利等人透過研究證實，「在自然環境中待 3 天左右，解決問題的能力會變好。」

　　阿奇利和 22 名學生一同前往猶他州的峽谷進行 3 天的露營，過程中一組人持續在大自然中不停移動，另一組人則待在原地不動。

　　結果發現，前者**解決問題的能力提升了 50%**，邏輯思考能力和智力也都獲得提升。由此可見，大自然對人類的正面影響是有科學根據的，不只是隨便說說而已。

提高森林浴效果的 3 種方法

STEP 1

每週
120 分鐘

**趁著週末
到野外露營**

STEP 2

每天 20 分鐘
每週 3 次

散步

STEP 3

在自然環境中待
3 天

**在野外露營
3 天**

如果對每天的生活感到壓力，
不妨到可以感受大自然的地方走走吧。

培養蒔花弄草的興趣

效果：放鬆

—千葉大學　池井等多位研究員的研究—

●欣賞盆栽、生態池有助於減輕壓力

在上一節的內容中提到做森林浴的效果，不過有些人可能沒有時間外出接觸大自然。

如果是這樣也不用擔心，因為在家就能得到跟大自然一樣的效果。

千葉大學的研究團隊做了一項很有意思的研究，研究報告指出，欣賞盆栽或是生態池，也有減輕壓力的效果。

生態池（biotope）指的是利用小型缽盆或是池子來打造人工生態系，「biotope」這個詞是由希臘語的「bios」（生命）加上「topos」（地點）所組成的詞彙，意指各種生物共生的生存場域或是空間。

●蒔花弄草能使副交感神經處於優位，達到更好的放鬆效果

千葉大學的研究團隊針對憂鬱症患者、脊髓損傷患者和高齡復健患者，研究盆栽和生態池所帶來的生理上的放鬆效果。

池井等人以 29 名男性憂鬱症患者為對象，要求他們對著設置在醫療院所外的小型噴泉或是池子裡的生態池眺望 4 分鐘。

結果發現，**受試者體內主宰放鬆的**副交感神經**變得活躍，相對的感受到壓力時處於優位的**交感神經**的作用反而降低了。**

研究團隊中的宗等人則以脊髓損傷患者為對象，在欣賞盆栽 1 分鐘之後，測量自律神經的活動狀況。

得到的結果就跟上述憂鬱症患者的情形一樣，副交感神經變得活躍，交感神經的活動受到了抑制。

不只如此，受試者的大腦活動也趨於平緩，顯示大腦正處於徹底放鬆的狀態。

CHAPTER 7

假日

●園藝活動能減輕壓力，改善憂鬱症狀

　　近年來受到新冠肺炎的影響，大家在不能外出的情況下，開始紛紛培養在家就能進行的興趣。

　　家庭菜園和園藝活動就是最好的例子。事實上，研究證實，**園藝活動也有減輕壓力的效果。**

　　根據挪威東南大學岡薩雷茲等人的研究，「專心在園藝活動上能讓人暫時忘記心裡的擔心，不再鑽牛角尖。」

　　在他們的實驗當中，**受試者在進行長達 12 週的園藝活動之後，憂鬱症狀明顯獲得改善，悶悶不樂的情況也減少了，而且注意力變好，對人際活動也變得比較積極。**

●將迷你觀葉植物擺在桌上欣賞也有效果

　　工作忙碌，感覺壓力過大的時候，可以在辦公桌上擺一盆迷你的觀葉植物或是盆栽，感受一下自然的力量，會感覺疲勞減輕不少。

　　假設時間和狀況不允許外出接近大自然，就在眼睛看得到的範圍內，擺一些能感受大自然的東西。這樣一個簡單的小動作，就能帶來絕佳的放鬆效果。

> **透過生態池、園藝活動、迷你觀葉植物和盆栽，**
> **讓自己在家裡和公司就能獲得大自然帶來的放鬆效果。**

每個星期選一天做5件好事

效果：成就感／幸福感

—加州大學　柳波莫斯基等多位研究員的研究—

●要做多少好事才有紓解壓力的效果？

「日行一善」是先人留下來的智慧，可是各位知道嗎，只要稍微改變作法，這個舉動就能達到減輕壓力的效果。

「每週一次，日行五善」正是實現無壓生活的方法。

加州大學的柳波莫斯基等人針對「利他行為會帶來何種改變」做了一項實驗。

研究人員要求受試者必須「每週做 5 件好事，為期 6 週的時間」，這 5 件好事可以在一天或是三天內完成，也可以分散在一週內達成。只要遵守「每週 5 件好事」的規則，至於形式就由受試者自行決定。

內容方面只要別牽涉到金錢，任何事情都可以。像是主動打掃、捐血等自己認為是善意的行為都可以，對象也沒有限制，可以是完全不認識的陌生人，或者是自己的親朋好友等。

●效果最好的作法是「每週一次，日行五善」

經過 6 週以後，研究人員發現，比起沒有刻意做好事的人，這些做了好事的受試者的幸福程度明顯提高了。

只不過，並不是每一種作法的結果都一樣，實驗顯示，「每週選定一天，一口氣做完 5 件好事」的方法，減輕壓力的效果最好。

為什麼日行一善反而效果不好呢？

這是因為，**持續每天做，對大腦來說反而會產生反效果。當一件事情變成像固定儀式一樣天天做，就會失去刺激大腦的作用**，這就是大腦的「習慣化」（habituation），所以就算做了好事，對大腦來說已經變成理所當然，自然就無法從中獲得幸福感。

假設你對自己的生活感覺到壓力，不妨每個星期找一天「日行五善」。在一天之內做完 5 件好事，既有成就感，而且還能透過不同於平常的行為刺激大腦，讓自己感受到更大的幸福感。

透過「每週一次，一日五善」來獲得幸福感

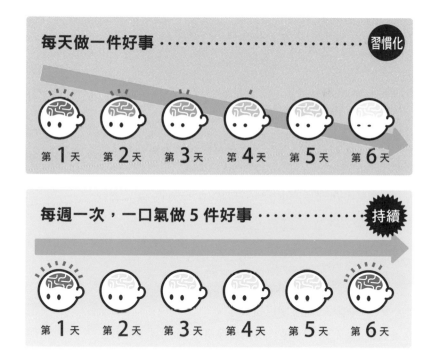

藉由「每週一次，一日五善」，
讓他人和自己都感受到幸福。

跟動物相處

效果：幸福感／憂鬱

—卡羅林斯卡醫學院　彼得森等多位研究員的研究—

●接觸動物能促進血清素和催產素增加分泌

對於對經營人際關係感到有壓力的人而言，**「透過接觸動物能促進被稱為『幸福荷爾蒙』的血清素和催產素增加分泌」**等所謂「動物輔助介入療法」的研究，也許是一劑有效的強心針。

卡羅林斯卡醫學院的彼得森等人做了一項實驗，讓受試者跟他們自己所飼養的小狗一起相處 60 分鐘，研究人員分別在相處前後和過程中，測量受試者血液中的血清素及皮質醇的反應。

結果顯示，原本血液中催產素濃度愈低的受試者，會愈想接觸小狗，接觸之後血液中的成分也會出現較大的反應。

不過遺憾的是，隨著接觸愈頻繁，小狗體內的皮質醇濃度反而會增加。也就是說，人從小狗身上得到療癒的同時，小狗的壓力卻反而增加了。

●動物當中療癒效果最好的是「狗」

這種跟動物接觸的作法，在美國稱為「動物輔助介入療法」（Animal Assisted Therapy，簡稱 AAT），也是目前醫療現場廣泛採納使用的一種治療方法。

甚至有研究指出，**德國也有 90% 以上的醫療從業人員，承認動物帶來的療癒效果。**

其中狗被認為是能帶來最佳療癒效果的動物。根據日本麻布大學菊水等人的研究，狗除了能**刺激人體分泌催產素**以外，再加上為了狗的健康，早晚都需要帶狗外出散步，所以另一個好處是，可以**透過外出曬太陽來達**

到刺激血清素分泌的效果。

　　簡單來說，養狗的好處不僅能讓主人自己養成規律的生活習慣，而且還能為自己創造增加血清素分泌的機會。

●牽著狗去搭訕，成功率高出 3 倍！

　　最後要分享的是布列塔尼大學的蓋根和奇柯蒂所做的研究。

　　這項研究比較了牽著狗跟人搭訕，和獨自一人跟人搭訕，結果發現前者成功取得對方電話號碼的機率比較高。

　　研究顯示，牽著狗的成功機率竟然高達 3 成！一定是因為牽著狗讓人覺得你是個「won」derful man，因此降低了戒心。

接觸動物愈頻繁，幸福荷爾蒙增加得愈多

動物的皮質醇　增
皮質醇　減
催產素　增
血清素　增

幸福荷爾蒙 增加

如果每天莫名地感到憂鬱、覺得生活很痛苦，
就多找機會接觸動物，和動物一起相處吧。

拓展交友圈

效果：耐力／心理韌性／疼痛

——牛津大學　約翰斯頓和鄧巴的研究——

●交友圈愈廣的人，耐力和忍受疼痛的能力也愈好

　　牛津大學約翰斯頓和鄧巴的研究指出，「交友圈愈廣的人，耐力和忍受疼痛的能力愈好。」

　　這項實驗主要觀察人際關係和溝通會對「腦內啡」這種具有鎮靜作用的神經傳導物質的分泌造成何種影響，以及效果是否會產生變化。

　　約翰斯頓和鄧巴先提出「朋友愈多的人，腦內啡濃度也愈高，愈能對抗傷痛」的假設，接著找來 107 位 18 ～ 35 歲的健康男女進行實驗。

　　他們先從「外向性」、「親和性」、「經驗開放性」、「盡責性」、「神經質」等「五大性格特質」來分析受試者的性格傾向，接著透過問卷的方式針對受試者每個月和每星期使用電郵、社群媒體和電話的頻率，以及有在聯絡的朋友人數和關係程度等交友狀況進行調查。

　　接著，他們要求受試者做出「空氣椅子」（像坐椅子的姿勢一樣保持膝蓋呈 90 度彎曲的動作）的微深蹲動作，測量受試者忍受疼痛的能力和耐力可以維持多久的時間。

　　結果發現，能撐愈久時間的人，通常交友圈也比較廣。

●交友的「質」和「量」都很重要

　　另外，有些人的交友方式是重「質」不重「量」。

　　京都大學的內田等人，把人際關係的「型式」分成追求拓展交友圈的「開放型」，以及注重維持既有的穩定人際關係的「維持型」。

　　調查發現，前者的滿足感來自於交友的人數多寡，後者的滿足則是與交友的質有關。另外，「開放型」的人通常也會對人生感到比較滿意。

交友關係是紓解不安和壓力的助力之一，各位如果想激發自我潛能，建議可以盡量拓展交友圈，藉此提升自己的耐力，以及信賴他人的能力。

朋友愈多的人耐力愈好，能夠撐得愈久

朋友多　　　　　　朋友少

一個人

能夠維持
空氣椅子的姿勢　　　　　　無法維持
空氣椅子的姿勢

想要提升人生的滿意度，
可以試著努力拓展自己的交友關係。

牽手

效果：同理心／聯繫

—科羅拉多大學　高斯坦等多位研究員的研究—

●牽手有助於舒緩疼痛

男女朋友或是夫妻之間如果吵架鬧彆扭，有時候可能根本無法冷靜下來好好溝通。

這會導致情況變得一發不可收拾，彼此的壓力都增加了。這種時候不妨先試著「牽手」。日文中有個詞彙叫做「手当て」（意指治療），據說是源自於「手を当てて治療する」的說法（伸出手來治療）。比起這種不可靠的說法，**「牽手能緩解疼痛」可是經過科學研究證實的說法。**

科羅拉多大學的高斯坦等人針對 18 對情侶進行以下 3 種不同方式的比較。

1 牽手

2 分開坐著，身體不互相接觸

3 分處不同的房間

在這之前，研究人員先將女性受試者分成兩組，一組藉由「手臂接觸滾燙物品 120 秒」給予疼痛刺激，另一組什麼事情都沒做，然後以上述 3 種方式進行實驗，測量男女雙方的腦波，包括 α 波同步節奏的程度和同理心的反應，以及疼痛反應等。

結果發現，**「不管是否受到疼痛刺激，當情侶牽手時，兩人的同理心都會提升，對於疼痛的感受度則會降低。」**

此外，受到疼痛刺激的受試者跟另一半牽手時，兩人的同理心反應最為明顯。

也就是說，跟喜歡的人牽手可以互相分擔疼痛，達到減緩疼痛的效果。

●跟另一半鬧彆扭的時候，只要牽手就能化解

人是一種必須透過同理心和他人建立關係來活下去的社會性動物。

既然透過心靈相通可以減輕痛苦，在跟另一半吵架鬧彆扭的時候，就靠「牽手」來化解狀況吧。在 198 頁的內容中提到，根據楊百翰大學的霍爾特－朗斯戴等人的研究，和另一半的肌膚接觸能促進催產素增加分泌。催產素是一種能紓解壓力、使人情緒變溫和的荷爾蒙，換言之，牽手也許可以避免情況愈變愈糟糕。

透過牽手能分擔彼此的疼痛，達到緩解疼痛的效果

A	B	C
沒有受到疼痛刺激	受到疼痛刺激	受到疼痛刺激
↓	↓	↓
牽手	雙方沒有接觸	牽手

出現同理反應	沒有同理反應	同理反應特別明顯

如果想要給家人、男女朋友或是另一半勇氣和鼓勵，就牽手吧。
快要吵架鬧彆扭的時候，也可以透過牽手來化解危機。

CHAPTER5

假日 100

跟快樂的人往來

效果：幸福感

—愛知醫科大學　松永等多位研究員的研究—

● 有幸福快樂的朋友，自己的幸福感也會增加

跟幸福快樂的人相處，自己也會感染到對方的幸福。愛知醫科大學的松永等人透過調查研究，提出一個非常有意思的論點：「有幸福快樂的朋友，自己的幸福感也會增加。」

他們先請受試者列出幾個人生中可能發生的事件，想像自己曾經歷過這些事件，再為當下所感受到的幸福感給予評分。

結果顯示，**有幸福快樂的朋友，帶給人的幸福感最大**。確實，只要想像身邊圍繞著幸福快樂的朋友，心情就會不禁跟著好起來，覺得自己一定也能獲得幸福。

只不過，該怎麼做才能遇見幸福快樂的朋友呢？這個問題如果有答案，人就不會那麼辛苦了。

● 什麼可以讓人感受到幸福？

哈佛大學在 1938 年啟動了一個長達 75 年的「哈佛成人發展研究」（Harvard Study of Adult Development），分別針對哈佛畢業的男性校友，以及住在波士頓貧民區的男性進行生涯追蹤調查，研究「什麼可以讓人感受到幸福」。

舉例來說，一般人通常認為「智商程度」跟幸福有關，針對這一點，研究結果顯示，擁有平均智商 IQ110 ～ 115 的男性（一般 IQ120 以上才會被視為聰明），跟 IQ150 以上，也就是所謂天才的男性，兩者的「收入幾乎差距不大」。

主持這項研究超過 30 年的威倫特指出，**老年之後的快樂、健康以及溫暖的人際關係，才是「幸福」不可或缺的要素**。

這項長達 75 年的研究,最後得到一個非常簡單的結論:

「幸福就是愛,除此之外什麼都不是。」

換言之,這項研究主張只有擁抱愛,才是通往幸福的捷徑。

●小時候跟母親的關係會影響長大之後的收入和健康

有意思的是,研究顯示,小時候跟母親關係良好的男性,比起跟母親關係不好的男性,長大之後的年收入多了約 900 萬日圓。

另外研究也證實,小時候缺乏母子關係經驗的男性,老了之後罹患失智症的機率會特別高。

可見母愛對於小孩長大之後的工作和健康狀況,都會造成影響。因此,不管到了幾歲,都別忘了一定要孝順母親,把母親當成最重要的人對待。

讓人感到幸福的重要因素

開心　　　　　開心　　　　　開心

幸福的家庭關係　＝　幸福的朋友　＝　自己也會感到幸福

跟幸福快樂的人相處,並且重視、孝順自己的母親,
自己才會感受到幸福。

7 非語言溝通：
不讓人際關係
變成壓力的方法

　　光靠文字所呈現出來的訊息，沒有辦法構成溝通。雖然各派說法不一，不過就以知名的「麥拉賓法則」（The Rule of Mehrabian，透過實驗整理出當語言訊息和非語言訊息互相矛盾的時候，一般人會以何種方式來解讀）來說，語言溝通只佔了 10 ～ 30%，其餘的都是靠臉部表情、說話音調、身體動作、視線、聲音等各種語言以外的方式來進行溝通。

　　以能夠變換成文字的語言進行溝通，稱為「語言溝通」，其餘的都稱為「非語言溝通」。舉例來說，精神抖擻地笑著說「謝謝」，跟低著頭有氣無力地說「謝謝」，兩者所傳達出來的訊息完全不同。

　　表情、聲音等「非語言溝通」所扮演的角色十分重要，利用語言以外的方式表達心情也非常重要。

　　現在由於社群媒體等以文字為主的溝通方式愈來愈多，使得缺少非語言溝通的機會也跟著變多了，甚至還發展出表情符號、表情圖案和貼圖來取代缺少的非語言溝通的作用。

　　再加上遠距工作的普及，就連開會也都改成線上進行，雖然視覺訊息變多了，可是比起實際面對面的對話，非語言溝通還是不夠，因此有時候會讓人感覺溝通起來卡卡的，不是很順暢。

　　目前線上溝通的發展還處於「石器時代」，就像電子郵件後來發展出表情符號和表情圖案、貼圖一樣，今後線上溝通肯定也會發展出一套方法和技術來彌補缺乏的非語言溝通的作用。不管怎樣，透過非語言溝通來表現語言所欠缺的訊息，這樣的溝通方式不管是實際面對面還是透過線上，應該都能幫助自己打造更沒有壓力的人際關係。

《圖解壓力紓解大全》
關鍵用語詞典

参考文献

· Allen, A. P., and Smith, A. P. (2015). Chewing gum: cognitive performance, mood, well-being, and associated physiology. *BioMed Research International*, 654806.

· Analytis, P. P., Barkoczi, D., and Herzog, S. M. (2018). Social learning strategies for matters of taste. *Nature. Human Behavior*, 2, 415–424.

· Arad, A., Barzilay, O., and Perchick, M. (2017). The impact of Facebook on social comparison and happiness: Evidence from a natural experiment. *Economics of Networks ejournal*. doi:10.2139/ssrn.2916158.

· Ariga, A. and Lleras, A. (2011). Brief and rare mental "breaks" keep you focused: Deactivation and reactivation of task goals preempt vigilance decrements. *Cognition*, 118(3), 439-443.

· Aron, A., Aron, E. N., Melinat, E., and Vallone, R. (1991). Experimentally induced doseness, ego identity, and the oppurtunity to say no. Paper presented at *the Conference of the International Network on Personal Relationships*, Normal, IL.

· Aron, A., Melinat, E., Aron, E. N., Vallone, R. D., and Bator, R. J. (1997). The experimental generation of interpersonal closeness: A procedure and some preliminary findings. *Personality and Social Psychology Bulletin*, 23(4), 363–377.

· Asch, S. E. (1952). Group forces in the modification and distortion of judgments. In S. E. Asch, *Social Psychology*, 450-501, Englewood Cliffs: Prentice-Hall, Inc.

· Asch, S. E. (1956). Studies of independence and conformity: I. A minority of one against a unanimous majority. *Psychological Monographs: General and Applied*, 70(9), 1-70.

· Asch, S. E. (1946). Forming impressions of personality. *Journal of Abnormal and Social Psychology*, 41, 258–290.

· Askelund, A. J., Schweizer S., Goodyer, I. M. and van Harmelen, A. L. (2019). Positive memory specificity reduces adolescent vulnerability to depression. *Nature Human Behaviour*. doi:10.1101/329409.

· Atchley RA, Strayer DL, Atchley P (2012). Creativity in the Wild: Improving Creative Reasoning through Immersion in Natural Settings. *PLoS ONE*, 7(12): e51474.

· Austin, J. L. (1962). *How to Do Things with Words*. Cambridge: Harvard University Press.

· Aviezer, H., Trope, Y., and Todorov, A. (2012). Body Cues, Not Facial Expressions, Discriminate Between Intense Positive and Negative Emotions. *Science*, 30, 338, Issue 6111, 1225-1229.

· 伴祐樹・櫻井翔・鳴海拓志・谷川智洋・廣瀬通孝 (2016).「時計の表示時間速度 制御による単純作業の処理速度向上手法」日本バーチャルリアリティ学会論文誌, 21(1), 109-120.

· Baron, R. A. (1997). The sweet smell of … helping: Effects of pleasant ambient fragrance on prosocial behavior in shopping malls. *Personality and Social Psychology Bulletin*, 23(5), 498–503.

· Benedek, M., Panzierer, L., Jauk, E., and Neubauer, A. C. (2017). Creativity on tap? Effects of alcohol intoxication on creative cognition. *Consciousness and Cognition*, 56, 128–134.

· Bernstein, E. E., and McNally, R. J. (2017). Acute aerobic exercise helps overcome emotion regulation deficits. *Cognition & Emotion*, 31, 834–843.

· Blechert, I., Sheppes, G., Di Tella, C., Williams, H., 8 and Gross, I. I. (2012). See what you think: Reappraisal modulates behavioral and neural responses to social stimuli. *Psychological Science*, 23(4), 346-353.

· Bluedorn, A. C., Turban, D. B. and Love, M. S. (1999). The Effects of Stand-Up and Sit-Down Meeting Formats on Meeting Outcomes. *Journal of Applied Psychology*, 84, 277-285.

· Borkovec, T. D., Hazlett-Stevens, H., and Diaz, M. L. (1999). The role of positive beliefs about worry in generalized anxiety disorder and its treatment. *Clinical Psychology & Psychotherapy*, 6(2), 126–138.

· Briñol, Pablo, Richard E. Petty, and Benjamin Wagner. (2009). Body posture effects on self-evaluation: A self-validation approach. *European Journal of Social Psychology*, 39(6), 1053-1064.

· Brooks, A. W. (2013). Get Excited: Reappraising Pre-Performance Anxiety as Excitement. *Journal of Experimental Psychology: General*, 143 (3), 1144-58.

· Bushman, B. J., Baumeister, R. F., and Stack, A. D. (1999). Catharsis, aggression, and persuasive influence: Self-fulfilling or self-defeating prophecies? *Journal of Personality and Social Psychology*, 76(3), 367-76.

· Bushman, B. J., DeWall, C. N., Pond, R. S. Jr., and Hanus, M. D. (2014). Low glucose relates to greater aggression in married couples. *Proceedings of the National Academy of Sciences*, 111, 6254-6257.

· Campion, M., and Levita, L. (2014). Enhancing positive affect and divergent thinking abilities: Play some music and dance. *The Journal of Positive Psychology*, 9(2), 137-145.

· Carney, D. R., Cuddy, A. J., and Yap, A. J. (2010). Power posing: Brief nonverbal displays affect neuroendocrine levels and risk tolerance. *Psychological Science*, 21, 1363-1368.

· Cartwright, R., Young, M. A., Mercer, P., and Bears, M. (1998). Role of REM sleep and dream variables in the prediction of remission from depression. *Psychiatry Research*, 80(3), 249-255.

· Chen, Y., Mark, G., and Ali, S. (2016). Promoting positive affect through smartphone photography. *Psychology of Well-Being*, 6(8), 1-16.

· Clond, M. (2016). Emotional Freedom Techniques for Anxiety: A Systematic Review With Meta-analysis. *The Journal of Nervous and Mental Disease*. 204 (5), 388-395.

· Cohen, S., Janicki-Deverts, D., Turner, R. B., and Doyle, W. J. (2014). Does hugging provide stress-buffering social support? A study of susceptibility to upper respiratory infection and illness. *Psychological Science*, 26(2), 135-147.

· Cuddy, A. J., Wilmuth, C. A., and Carney, D. R. (2012). The Benefit of Power Posing Before a High-Stakes Social Evaluation. *Harvard Business School Working Paper*, No. 13-027, 1-18.

· Czech, T. (2004). Journalists and Trauma: A Brief Overview. *International Journal of Emergency Mental Health*, 6, 159-162.

· Damisch, L., Stoberock, B., and Mussweiler, T. (2010). Keep your fingers crossed!: How superstition improves performance. *Psychological Science*, 21, 1014-1020.

· Darley, J.M. and Latané, B. (1968). Bystander intervention in emergencies: Diffusion of responsibility. *Journal of Personality and Social Psychology*, 8(4), 377–383.

· Dijksterhuis, A., Bos, M. W., Van Der Leij, A. and Van Baaren, R. B. (2009). Predicting Soccer Matches After Unconscious and Conscious Thought as a Function of Expertise. *Psychological Science*, 20, 1381-1387.

· 土居裕和 (2012). 「化粧がもつ自尊心昂揚効果に関する発達脳科学的研究」*Cosmetology : Annual Report of Cosmetology*, 20, 159-162.

· Dunning, D., Johnson, K., Ehrlinger, J., and Kruger, J. (2003). Why People Fail to Recognize Their Own Incompetence. Current Directions in *Psychological Science*, 12(3), 83-87.

· Dusek, J. A, Out, H. H., Wohlhueter, A. L., Bhasin, M., Zerbini, L. F., Joseph, M. G., Benson, H., and Libermann, T. A. (2008). Genomic counter-stress changes induced by the relaxation response. *PLoS ONE*, 3(7), e2576.

· Edwards, K. A. and Johnston, R. (1977). Increasing greeting and farewell responses in high school students by a bus driver. *Education & Treatment of Children*, 1(1), 9-18.

· Epel, E., Daubenmier, J., Moskowitz, J.T., Folkman, S., and Blackburn, E. (2009). Can Meditation Slow Rate of Cellular Aging? *Cognitive Stress, Mindfulness, and Telomeres. Annals of the New York Academy of Sciences*, 1172 (1), 34-53

· Eriksson, C., Hilding, A., Pyko, A., Bluhm, G., Pershagen, G., and Ostenson, C. G. (2014). Long-term aircraft noise exposure and body mass index, waist circumference, and type 2 diabetes: A prospective study. *Environmental Health Perspectives*, 122, 687-694.
· Fan, R., Varol, O., Varamesh, A., Barron, A., van de Leemput, I. A., Scheffer, M., and Bollen, J. (2018). The minute-scale dynamics of online emotions reveal the effects of affect labeling. *Nature Human Behaviour*, 1, 92-100.
· Fancourt, D., Aufegger, L., and Williamon, A. (2015). Low-stress and high-stress singing have contrasting effects on glucocorticoid response. *Frontiers in Psychology*, 6(1242), 1-5.
· Feinstein, A., Audet, B., and Waknine, E. (2014). Witnessing images of extreme violence: A psychological study of journalists in the newsroom. *Royal Society of Medicine Journals*, 5(8): 2054270414533323.
· Feixas, G., Montesano, A., Compan, V., Salla, M., Dada, G., Pucurull, O., Trujillo, A., Paz, C., Munoz, D., Gasol, M., Saul, L. A., Lana, F., Bros, I., Ribeiro, E., Winter, D., Carrera-Fernandez, M. J., and Guardia, J. (2014) Cognitive conflicts in major depression: between desired change and personal coherence. *British Journal of Clinical Psychology*, 53, 369-385.
· Feltman, R., and Elliot, A. J. (2011). The influence of red on perceptions of relative dominance and threat in a competitive context. *Journal of Sport & Exercise Psychology*, 33(2), 308-314.
· Festinger, L. (1954). A theory of social comparison processes. *Human Relations*, 7, 117-140.
· Finkel E. J., DeWall, C. N., Slotter, E. B., Oaten, M., and Foshee, V. A. (2009). Self-Regulatory Failure and Intimate Partner Violence Perpetration. *Journal of Personality and Social Psychology*, 97(3), 483-99.
· Forer, B. R. (1949) . The fallacy of personal validation: A classroom demonstration of gullibility. *Journal of Abnormal and Social Psychology*, 44, 118-123.
· Fox, J. and Tokunaga, R. S. (2015). Romantic partner monitoring after breakups: Attachment, dependence, distress, and post-dissolution online surveillance via social networking sites. *Cyberpsychology, Behavior, and Social Networking*, 18, 491-498.
· Gentile, D. A., Sweet, D. M., and He, L. (2019). Caring for Others Cares for the Self: An Experimental Test of Brief Downward Social Comparison, Loving-Kindness, and Interconnectedness Contemplations. *Journal of Happiness Studies*, DOI: 10.1007/s10902-019-00100-2
· Gilovich, T., and Medvec, V. H. (1994). The temporal pattern to the experience of regret. *Journal of Personality and Social Psychology*, 67 (3), 357-365.
· Glocker, M. L., Langleben, D. D., Ruparel, K., Loughead, J. W., Valdez, J. N., Griffin, M. D., Sachser, N., and Gur, R. C. (2009). Baby schema Alates the brain reward system in nulliparous women. *Proceedings of the National Academy of Sciences of the United States of America*, 106, 9115-9119.
· Goldstein, P., Weissman-Fogel, I., Dumas, G., and Shamay-Tsoory, S. G. (2018). Brain-to-brain coupling during handholding is associated with pain reduction. *Proceedings of the National Academy of Sciences*, 115(11), E2528-E2537.
· Gollwitzer, P. M. (1993). Goal achievement: The role of intentions. *European Review of Social Psychology*, 4, 141-185.
· Gonzalez, M. T., Hartig, T., Patil, G. G. , Martinsen, E. W., and Kirkevold, M. (2002). Therapeutic horticulture in cliniical depression: a prospective study of active components. Journal of Advanced Nursing, 66(9), 2002-13.
· Greenlees, I., Eynon, M., and Thelwell, R., (2013). Color of soccer goalkeepers' uniforms influences the outcome of penalty kicks. *Perceptual & Motor Skills*, 117 (1), 1043-52.
· Guéguen, N. and Ciccotti, S. (2008). Domestic dogs as facilitators in social interaction: an evaluation of helping and courtship behaviors, *Anthrozoös*, 21(4), 339-349.

· Hariri, A. R., Tessitore, A., Mattay, V. S., Fera, F. and Weinberger, D. R. (2002). The amygdala response to emotional stimuli: a comparison of faces and scenes. *Neuroimage*, 17, 317–323.

· Hatfield, E., Cacioppo, J., and Rapson, R. (1992). Primitive emotional contagion. In. M. S. Clark (Ed.), *Review of Personality and Social Psychology*, 151-177, Newbury Park: Sage.

· Helton, W. S. and Russell, P. N. (2015). Rest is best: The role of rest and task interruptions on vigilance. *Cognition*, 134, 165–173.

· 平松隆円 (2011).「男性による化粧行動としてのマニキュア塗抹がもたらす感情状態の変化に関する研究」仏教大学教育学部学会紀要 仏教大学教育学部学会, 10, 175-181.

· 廣瀬文子・長坂彰彦「短時間休憩後の覚醒度上昇方法に関する実験的検討」電力中央研究所報告 Y 研究報告. (05012), 1-27, 巻頭 1-4.

· Holmes, A., Fitzgerald, P. J., MacPherson, K. P., DeBrouse, L., Colacicco, G., Flynn, S. M., Masneuf, S., Pleil, K. E., Li, C., Marcinkiewcz, C. A., Kash, T. L., Gunduz-Cinar, O., and Camp, M. (2012). Chronic alcohol remodels prefrontal neurons and disrupts NMDAR-mediated fear extinction encoding. *Nature Neuroscience*, 15 (10), 1359-61.

· Holt-Lunstad, J., Birmingham, W. A., and Light, K. C. (2008). Influence of a "warm touch" support enhancement intervention among married couples on ambulatory blood pressure, oxytocin, alpha amylase, and cortisol. *Psychosom Med* 2008, 70, 976–85.

· Hunt, M. G., Marx, R., Lipson, C., and Young, J. (2018). No more FOMO: Limiting social media decreases loneliness and depression. *Journal of Social and Clinical Psychology*, 37, 751–768.

· Hunter, M. R., Gillespie, B. W., and Chen, S. Y. (2019). Urban Nature Experiences Reduce Stress in the Context of Daily Life Based on Salivary Biomarkers. *Frontiers in Psychology*, 10. doi:10.3389/fpsyg.2019.00722.

· 池井晴美・宋チョロン・嵯峨崎泰子・野崎英樹・宮崎良文 (2018).「病院外壁ビオトープガーデンが通院うつ病患者に及ぼす生理的影響」日本生理人類学会誌, 23, 3.

· Isen, A. M., Daubman,K. A., and Nowicki,G. P.(1987). Positive affect facilitatescreative problem solving. *Journal of Personality and Social Psychology*, 52, 1122–1131.

· 石川亮太郎・小堀修・中川彰子・清水栄司 (2013).「強迫性障害に対する行動実験を用いた認知行動療法」不安障害研究, 5, 54-60.

· Johnson, K. V.-A. and Dunbar, R. I. M. (2016). Pain tolerance predicts human social network size. *Scientific Report*, 6, 25267.

· ohnston, W. M., & Davey, G. C. L. (1997). The psychological impact of negative TV news bulletins: The catastrophizing of personal worries. *British Journal of Psychology*, 88(1), 85–91.

· Kahneman, D. (2000). Evaluation by moments: past and future. In D. Kahneman, and A. Tversky (Eds.), *Choices, Values and Frames*, 693-708, Cambridge: Cambridge. University Press.

· 上大岡トメ・池谷 裕二 (2008).『のうだま　やる気の秘密』幻冬社.

· Kashdan, T. and Biswas-Diener, R. (2014). *The Upside of Your Dark Side: Why Being Your Whole Self – Not Just Your "Good" Self – Drives Success and Fulfillment.* New York: Penguin Random House LLC.

· Keeler, J. R., Roth, E. A., Neuser, B. L., Spitsbergen, J. M., Waters, D. J., and Vianney, J. M. (2015). The neurochemistry and social flow of singing: bonding and oxytocin. *Frontiers in Human Neuroscience*, 9, 518.

· Kelly, Y., Zilanawala, A., Booker, C., and Sackesr, A. (2018). Social Media Use and Adolescent Mental Health: Findings From the UK Millennium Cohort Study. *EClinicalMedicine*, 6, 59-68.

· Killingsworth, M. A., and Gilbert, D. T. (2010). A wandering mind is an unhappy mind. *Science*, 330, 932.

· Kimura T., Yamashita S., Nakao S., Park J. M., Murayama M., Mizoroki T., Yoshiike, Y., and Sahara, N. (2008). GSK-3beta is required for memory reconsolidation in adult brain. *PLoS ONE*, 3, e3540.

· Klein, K., and Boals, A. (2001). Expressive Writing Can Increase Working Memory Capacity. *Journal of Experimental Psychology: General,* 130, 520-533.

· Klimecki, O. M., Leiberg, S., Ricard, M. and Singer, T. (2014). Differential pattern of functional brain plasticity after compassion and empathy training. *Social Cognitive and Affective Neuroscience,* 9(6), 873-879.

· Kraft, T. L, and Pressman, S. D. (2012). Grin and bear it: the influence of manipulated facial expression on the stress response. *Psychological Science,* 23 (11), 1372-8.

· Kruger, J. and Dunning, D. (1999). Unskilled and Unaware of It: How Difficulties in Recognizing One's Own Incompetence Lead to Inflated Self-Assessments. *Journal of Personality and Social Psychology,* 77 (6), 1121-1134.

· Kurosawa, S, Shibata, A, Ishii, K, Koohsari, M. J, and Oka, K. (2020). Accelerometer-Measured Diurnal Patterns of Sedentary Behavior among Japanese Workers: A Descriptive Epidemiological Study. *International Journal of Environmental Research & Public Health,* 17(11), 3814.

· Lamm, C. and Singer T. (2010). The role of anterior insular cortex in social emotions. *Brain Structure and Function,* 214, 579-91.

· Lammers, J., Stapel, D. A., and Galinsky, A. D. (2010). Power increases hypocrisy: Moralizing in reasoning, immorality in behavior. *Psychological Science,* 21, 737-744.

· Neuvonen, E., Rusanen, M., Solomon, A., Ngandu, T., Laatikainen, T., Soininen, H., Kivipelto, M., and Tolppanen A. M. (2014). Late-life cynical distrust, risk of incident dementia, and mortality in a population-based cohort. *Neurology,* 82 (24), 2205-12.

· Langacker, R. W. (1999). *Grammar and Conceptualization.* Berlin: Mouton de Gruyter.

· Lee, S., Ishibashi, S., Shimomura, Y., and Katsuura, T. (2012). Physiological functions of the effects of the different bathing method on recovery from local muscle fatigue. *Journal of Physiological Anthropology,* 31(1), 26.

· Leiberg, S., Klimecki, O., and Singer, T. (2011). Short-Term Compassion Training Increases Prosocial Behavior in a Newly Developed Prosocial Game. *PLoS ONE,* 6(3), e17798.

· Levitt, S. D. (2016). Heads or Tails: The Impact of a Coin Toss on Major Life Decisions and Subsequent Happiness. *NBER Working Paper,* No. 22487.

· Libet, B., Gleason, C. A., Wright, E. W, and Pearl, D. K. (1983). Time of Conscious Intention to Act in Relation to Onset of Cerebral Activity (Readiness-potential). *Brain,* 106, 623-642.

· Liu, Y., Lin, W., Liu, C., Luo, Y., Wu, J., Bayley, P., and Qin, S. (2016). Memory consolidation reconfigures neural pathways involved in the suppression of emotional memories. *Nature Communications,* 7, 13375.

· Ljungqvist, I., Topor, A., Forssell, H., Svensson, I., and Davidson, L. (2016). Money and mental illness: A study of the relationship between poverty and serious psychological problems. *Community Mental Health Journal,* 52(7), 842-850.

· Lyubomirsky, S., Tkach, C., and Sheldon, K. M. (2004). Pursuing sustained happiness through random acts of kindness and counting one's blessings: Tests of two sixweek interventions. Unpublished data, Department of Psychology, University of California, Riverside.

· MacCormack, J.K. and Lindquist, K.A. (2018). Feeling hangry? When hunger is conceptualized as emotion. *Emotion,* 19, 301-319.

· Matsunaga, M., Ishii, K., Ohtsubo, Y., Noguchi, Y., Ochi, M., and Yamasue, H. (2017). Association between salivary serotonin and the social sharing of happiness. *PLoS ONE,* 12(7), e0180391.

· Mehta, R., Zhu, R. J., and Cheema, A. (2012). Is noise always bad? Exploring the effects of ambient noise on creative cognition. *Journal of Consumer Research,* 39(4), 784-799.

· Mehta, R.K.,, Shortz, A.E., and Benden, M.E., (2015). Standing Up for Learning: A Pilot

Investigation on the Neurocognitive Benefits of Stand-Biased School Desks. *International Journal of Environmental Research and Public Health*, 13 (2), 59.

· Mehrabian, A. (1971). Silent Messages (1st ed.). Belmont, CA: Wadsworth.

· 南美喜子・濱浦翔・梶山円貴・玉利彩・谷口弘一 (2014). 「読書経験, 共感性, 向社会的行動の関係」教育実践総合センター紀要, 13, 329-334.

· 水野敬 (2012). 『報酬感と疲労感の脳内相互作用メカニズムの解明』. 中山隼雄科学技術文化財団年次活動報告書 2012.

· Morales, R. F., Perez, V. R., and Martinez, L. (2014). The psychological impact of the war against drug-trafficking on Mexican journalists. *Revista Colombiana de Psicología*, 23, 177-193.

· Moser, J. S., Dougherty, A., Mattson, W. I., Katz, B., Moran, T. P., Guevarra, D., Shablack, H., Ayduk, O., Jonides, J., Berman, M. G., and Kross. E. (2017). Third-person self-talk facilitates emotion regulation without engaging cognitive control: Converging evidence from ERP and fMRI. *Scientific Reports*, 7 (1), 4519.

· Moser, J. S., Hartwig, R., Moran, T. P., Jendrusina, A. A., and Kross, E. (2014). Neural markers of positive reappraisal and their associations with trait reappraisal and worry. *Journal of Abnormal Psychology*, 123(1), 91-105.

· Mueller, C. M. and Dweck, C. S. (1998). Praise for intelligence can undermine children's motivation and performance. *Journal of Personality and Social Psychology*, 75(1), 33-52.

· Muise, A., Christofides, E., and Desmarais, S. (2009). More information than you ever wanted: Does Facebook bring out the green eyed monster of jealousy? *CyberPsychology & Behavior*, 12, 441-444.

· Mukhopadhyay, A., Labroo, A., and Dong, P. (2014). Facial Feedback Hypothesis Revised: Frequent Smiling Can Reduce Wellbeing. *Advances in Consumer Research*, 42, 96-100.

· Nagasawa, M., Mitsui, S., En, S., Ohtani, N., Ohta, M., Sakuma, Y., Onaka, T., Mogi, K., and Kikusui, T. (2015) Oxytocin-gaze positive loop and the coevolution of human-dog bonds. *Science*, 348(6232), 333-336.

· Neuvonen, E., Rusanen, M., Solomon, A., Ngandu, T., Laatikainen, T., Soininen, H., Kivipelto, M., and Tolppanen A.-M. (2014). Late-life cynical distrust, risk of incident dementia, and mortality in a population-based cohort. *Neurology*, 82 (24), 2205-12.

· Nittono, H., Fukushima, M., Yano, A., and Moriya, H. (2012). The power of kawaii: Viewing cute images promotes a careful behavior and narrows attentional focus. *PLoS ONE*, 7(9), e46362.

· 西村和雄・八木匡 (2018). 「幸福感と自己決定―日本における実証研究」独立行政法人経済産業研究所 *Discussion Paper Series*, 18-J-026.

· 野村収作 (2014). 「青色のストレス反応抑制効果 - 唾液コルチゾールによる検証」映像メディア学会誌, 68(12), 537-539.

· Osaka, M., Yaoi, K., Minamoto, T., and Osaka, N. (2013). When do negative and positive emotions modulate working memory performance ? *Scientific Reports*, 3, 1375.

· Oswald, A. J., Proto, E. and Sgroi, D. (2015). Happiness and productivity. *Journal of Labor Economics*, 33 (4). 789-822.

· 尾崎一郎・郭薇・堀田秀吾・李楊 (2019) . 「ヘイトスピーチの規制と無効化―言語行為論からの示唆」『法の経験的社会科学の確立に向けて―村山真維先生古稀記念』 信山社 , 315-336.

· Pennebaker, J. W., Kiecolt-Glaser, J. K. and Glaser, R. (1988). Disclosure of traumas and immune function: health implications for psychotherapy. *Journal of Consulting and Clinical Psychology*, 56, 239-45.

· Peper, E. and Lin, I. (2012) Increase or Decrease Depression: How Body Postures Influence Your Energy Level. *Biofeedback*, 40 (3), 125-130.

· Peterson, C. K., Shackman, A. J., and Harmon-Jones, E. (2008). The role of asymmetrical frontal cortical activity in aggression. *Psychophysiology,* 45, 86-92.
· Petersson, M., Uvnäs-Moberg, K., Nilsson, A., Gustafson, L. L., Hydbring-Sandberg, E., and Handlin, L. (2017). Oxytocin and Cortisol Levels in Dog Owners and Their Dogs Are Associated with Behavioral Patterns: An Exploratory Study. *Frontiers in psychology,* 8, 1796.
· Porath, C. L. and Erez, A. (2009). Overlooked but not untouched: How rudeness reduces onlookers' performance on routine and creative tasks. *Organizational Behavior and Human Decision Processes,* 109(1), 29-44.
· Quoidbach, J, Gruber, J., Mikolajczak, M., Kogan, A., Kotsou, I., and Norton, M. I. (2014). Emodiversity and the emotional ecosystem. *Journal of Experimental Psychology: General,* 143 (6), 2057-2066.
· Raichle, M. E., MacLeod, A. M., Snyder, A. Z., Powers, W. J., Gusnard, D. A., and Shulman, G. L. (2001). A default mode of brain function. *Proceedings of the National Academy of Sciences of the United States of America,* 16, 98(2), 676-82.
· Ramirez, G., and Beilock, S. L. (2011). Writing about Testing Worries Boosts Exam Performance in the Classroom. *Science,* 331, 211-213.
· Randolph, D. D., and O'Connor, P. J. (2017). Stair walking is more energizing than low dose caffeine in sleep deprived young women. *Physiology & Behavior,* 174, 128-135.
· Regan, D. (1971). Effects of a Favor and Liking on Compliance. Journal of Experimental Social Psychology, 7 (6), 627-39.
· Rein, G., Atkinson, M. and McCraty, R. (1995). The physiological and psychological effects of compassion and anger. *Journal of Advancement in Medicine,* 8(2), 87-105.
· Riskind, J. H. and Gotay, C. C. (1982). Physical posture: Could it have regulatory or feedback effects on motivation and emotion? *Motivation and Emotion,* 6 (3), 273-298.
· Rizzolatti, G., Fadiga, L., Fogassi, L., and Gallese, V. (1996). Premotor cortex and the recognition of motor actions. *Cognitive Brain Research,* 3, 131-141.
· Rosekind M. R., Smith, R. M., Miller, D. L., Co, E. L., Gregory, K. B., Webbon, L. L., Gander, P. H., and Lebacqz, V. (1995). Alertness management: Strategic naps in operational settings. *Journal of Sleep Research,* 4 (Supplement 2), 62-66.
· Rudd, M., Aaker, J., and Norton, M. I. (2014). Getting the most out of giving: Concretely framing a prosocial goal maximizes happiness. *Journal of Experimental Social Psychology,* 54, 11-24.
· Ryu, Y., Maekawa, T., Yoshino, D., Sakitani, N., Takashima, A., Inoue, T., Suzurikawa, J., Toyohara, J., Tago, T., Makuuchi, M., Fujita, N., Sawada, K., Murase, S., Watanave, M., Hirai, II., Sakai, T., Yoshikawa, Y., Ogata, T., Shinohara, M., Nagao, M., and Sawada, Y. (2020). Mechanical Regulation Underlies Effects of Exercise on Serotonin-Induced Signaling in the Prefrontal Cortex Neurons. *iScience,* 23(2), 100874.
· Sakurada, K., Konta, T., Watanabe, M., Ishizawa, K., Ueno, Y., Yamashita, H., and Kayama, T. (2019). Associations of frequency of laughter with risk of all-cause mortality and cardiovascular disease incidence in a general population: findings from the Yamagata study. *Journal of epidemiology,* JE20180249.
· Samuelson, W. and Zeckhauser, R. (1988). Status quo bias in decision making. *Journal of Risk Uncertainty,* 1, 7-59.
· 佐々木光流・塩田正俊 (2016).「朝の運動が加算作業成績や記憶 テスト成績に及ぼす影響」山口大学教育学研究論叢 (第 3 部), 111-121.
· 左達秀敏・村上義徳・外村学・矢田幸博・下山一郎 (2010)).「歯磨き行為の積極的 . 休息への応用について」産業衛生学会誌 , 52 (2), 67-73.

・サトウタツヤ・渡邊 芳之 (2005).『「モード性格」論—心理学のかしこい使い方』紀伊國屋書店.

・サトウタツヤ・渡邊 芳之 (2011).『あなたはなぜ変われないのか：性格は「モード」で変わる心理学のかしこい使い方』ちくま文庫.

・Senay, I., Albarracin, D., and Noguchi, K. (2010). Motivating Goal-Directed Behavior Through Introspective Self-Talk: The Role of the Interrogative Form of Simple Future Tense. *Psychological Science,* 21(4), 499-504.

・Seo, H. S., Hirano, M., Shibato, J., Rakwal, R., Hwang, I. K., and Masuo, Y. (2003). Effects of coffee bean aroma on the rat brain stressed by sleep deprivation: a selected transcript- and 2D gel-based proteome analysis. *Journal of Agricultural and Food Chemistry,* 25, 56(12), 4665-73.

・Singh, Y., Sharma, R., and Talwar, A. (2012). Immediate and long-term effects of meditation on acute stress reactivity, cognitive functions, and intelligence. *Alternative Therapies in Health and Medicine,* 18(6), 46–53.

・Singer, T., Seymour, B., O'Doherty, J., Kaube, H., Dolan, R. J., and Frith, C. D. (2004). Empathy for pain involves the affective but not sensory components of pain. *Science,* 303 (5661), 1157-1162.

・Skorka-Brown, J., Andrade, J., and May, J. (2014). Playing 'Tetris' reduces the strength, frequency and vividness of naturally occurring cravings. *Appetite ,*76, 161-165.

・Song, C., Ikei, H., Nara, M., Takayama, D., and Miyazaki, Y. (2018). Physiological effects of viewing bonsai in elderly patients undergoing rehabilitation. *Internal Journal of Environmental Research and Public Health,* 15. 2635.

・Soroka, S., Fournier, P. and Nir, L. Cross-national evidence of a negativity bias in psychophysiological reactions to news. *Proceedings of the National Academy of Sciences of the United States of America,* 116, 18888–18892 (2019)

・Strack, F. Martin, L. L., and Stepper, S. (1988). Inhibiting and Facilitating Conditions of the Human Smile: A Nonobtrusive Test of the Facial Feedback Hypothesis. *Journal of Personality and Social Psychology.* 54 (5), 768-777.

・Sweis, B. M., Abram, S. V., Schmidt, B. J., Seeland, K. D., MacDonald, A. W. 3rd, Thomas, M. J., and Redish, A. D. (2018). Sensitivity to "sunk costs" in mice, rats, and humans. *Science,* 361(6398), 178-181.

・Szabó, M. and Lovibond, P. F. (2006). Worry episodes and perceived problem solving: A diary-based approach, *Anxiety, Stress and Coping,* 19(2), 175-187.

・Tackman, A. M., and Srivastava, S. (2016). Social responses to expressive suppression: The role of personality judgments. *Journal of Personality and Social Psychology,* 110(4), 574-591.

・高橋研人・佐藤俊彦 (2017).「腹式呼吸法の実施に伴う生理・心理的変動（２）」感情心理学研究, 24 (Supplement), p. ps. 27.

・Takahashi, M., Fukuda, H., and Arito, H. (1998). Brief naps during post -lunch rest: effects on alertness, performance, and autonomic balance. *European Journal of Applied Physiology and Occupational Physiology,* 78(2), 93-98.

・Tamir, D.I. and Mitchell, J.P. (2012). Disclosing information about the self is intrinsically rewarding. *Proceedings of the National Academy of Sciences,* 109(21), 8038-8043.

・Tandoc, E.C., Ferrucci , P. and Duffy, M. (2015). Facebook use, envy, and depression among college students: Is facebooking depressing? *Computers in Human Behavior,* 43, 139-146.

・Tempesta, D, Salfi, F, De Gennaro, L, and Ferrara, M. (2020). The impact of five nights of sleep restriction on emotional reactivity. Journal of Sleep Research, 00, e13022.

· Tullett, A. M. and Inzlicht, M. (2010). The voice of self-control: Blocking the inner voice increases impulsive responding. *Acta Psychologica*, 135, 252-256.

· 内田 由紀子・遠藤 由美・柴内 康文 (2012).「人間関係のスタイルと幸福感：つきあいの数と質からの検討」実験社会心理学研究, 52, 63-75.

· Vaegter HB, Thinggaard P, Madsen CH, Hasenbring M, Thorlund JB. 2020 Power of Words: Influence of Preexercise Information on Hypoalgesia after Exercise—Randomized Controlled Trial. *Medicine & Science in Sports & Exercise*, May 1, 2020 - Volume Publish Ahead of Print - Issue -

· Vaillant, G. E. (2012). *Triumphs of experience: The men of the Harvard Grant Study*. Belknap Press of Harvard University Press.

· Vaillant, G.E., McArthur, C. C., and Bock, A. (2010). Grant Study of Adult Development, 1938-2000, Available at https://doi.org/10.7910/DVN/48WRX9.

· Wallace, H. M., Exline, J. J., and Baumeister, R. F. (2008). Interpersonal consequences of forgiveness: Does forgiveness deter or encourage repeat offenses? *Journal of Experimental Social Psychology*, 44(2), 453-460.

· Wason, P. C. (1960). On the failure to eliminate hypotheses in a conceptual task. *The Quarterly Journal of Experimental Psychology*, 12, 129-140.

· 渡部成江・森谷絜・阿岸祐幸・橋本恵子 (2003).「天然温泉浴のストレス軽減効果と休養効果に関する実証研究」日本健康開発財団研究年報, 24,1-7.

· Weil, R., Klebanov, S., Kovacs, B., and McClelland, A. (2014). Effects of simple distraction tasks on self-induced food cravings in men and women with grade 3 obesity. Poster presentation given at *Obesity Week Conference*, 2014.

· White, M. P., Alcock, I., Grellier, J., Wheeler, B. W., Hartig, T., Warber, S. L., Bone, A., Depledge, M. H., and Fleming, L. E. (2019). Spending at least 120 minutes a week in nature is associated with good health and wellbeing. *Scientific Reports*, 9, 7730.

· Williams, L. E., and Bargh, J. A. (2008). Experiencing physical warmth promotes interpersonal warmth. *Science*, 322(5901), 606-607.

· Wiseman, R. (2003). *The luck factor*. London: Random House.

· Wood, A. M., Joseph, S., Lloyd, J., and Atkins, S. (2009). Gratitude influences sleep through the mechanism of pre-sleep cognitions. *Journal of Psychosomatic Research*, 66(1), 43-48.

· 矢野理香・石本政恵・品地智子・飯野智恵子 (2009).「脳血管障害患者における手浴 7 事例の検討を通して」日本看護技術学会誌, 8(3), 101-108.

· Yildirim, K., Akalinbaskaya, A., Hidayetoglu, M. (2007). Effects of indoor color on mood and cognitive performance. *Building and Environment*, 42, 3233-3240.

· 余語真夫・浜治世・津田兼六・鈴木ゆかり・互恵子 (1990).「女性の精神的健康に与える化粧の効用」健康心理学研究, 3, 28-32.

· Yoo, S., Gujar, N., Hu, P., Jolesz, F. A., and Walker, M. P. (2007). The human emotional brain without sleep — a prefrontal amygdala disconnect. *Current Biology*, 17(20), R877-R878.

· Zeigarnik, B. (1927). Über das Behalten von erledigten und uneredigten Handlungen. *Psychologische Forschung*, 9, 1-85.

· Ziegler, D. A., Simon, A. J., Gallen, C. L., Skinner, S., Janowich, J. R., Volponi, J. J., Rolle, C.E., Mishra, J., Kornfield, J., Anguera, J.A., and Gazzaley, A. (2019). Closed-loop digital meditation improves sustained attention in young adults. *Nature Human Behaviour*, 3(7), 746-757.

· de Oliveira, C., Watt, R., and Hamer, M. (2020). Toothbrushing, inflammation, and risk of cardiovascular disease: results from Scottish Health Survey. *British Medical Journal*, 340, c2451.

圖解
壓力紓解大全：
消除焦慮與煩躁的100個科學方法

圖解壓力紓解大全：消除焦慮與煩躁的100個科學方
法/堀田秀吾作；賴郁婷譯. -- 初版. -- 臺北市：春天出
版國際文化有限公司，2023.10
面　；　　公分. --　(Better；　39)
譯自：図解ストレス解消大全 科学的に不安,イライ
ラを消すテクニック１００個集めました
ISBN　　　　　　978-957-741-751-0(平裝)
1.CST:　　　抗壓　　　2.CST:　　　生活指導

176.54　　　　　　　　　　　　　　112014820

Better 39

作　　者 ◎堀田秀吾		總 經 銷 ◎槙德圖書事業有限公司	
譯　　者 ◎賴郁婷		地　　址 ◎新北市新店區中興路2段196號8樓	
總 編 輯 ◎莊宜勳		電　　話 ◎02-8919-3186	
主　　編 ◎鍾靈		傳　　真 ◎02-8914-5524	
出 版 者 ◎春天出版國際文化有限公司		香港總代理 ◎一代匯集	
地　　址 ◎台北市大安區忠孝東路4段303號4樓之1		地　　址 ◎九龍旺角塘尾道64號 龍駒企業大廈10 B&D室	
電　　話 ◎02-7733-4070		電　　話 ◎852-2783-8102	
傳　　真 ◎02-7733-4069		傳　　真 ◎852-2396-0050	
E－mail ◎frank.spring@msa.hinet.net			
網　　址 ◎http://www.bookspring.com.tw			
部 落 格 ◎http://blog.pixnet.net/bookspring			
郵政帳號 ◎19705538			
戶　　名 ◎春天出版國際文化有限公司			
法律顧問 ◎蕭顯忠律師事務所		版權所有·翻印必究	
出版日期 ◎二○二三年十月初版		本書如有缺頁破損，敬請寄回更換，謝謝。	
定　　價 ◎380元		ISBN 978-957-741-751-0	